LE LIVRE
des Sonnets

Seize dizains de sonnets choisis

PARIS

ALPHONSE LEMERRE, ÉDITEUR

23-31, PASSAGE CHOISEUL, 23-31

M DCCC XCIII

LE LIVRE
des Sonnets

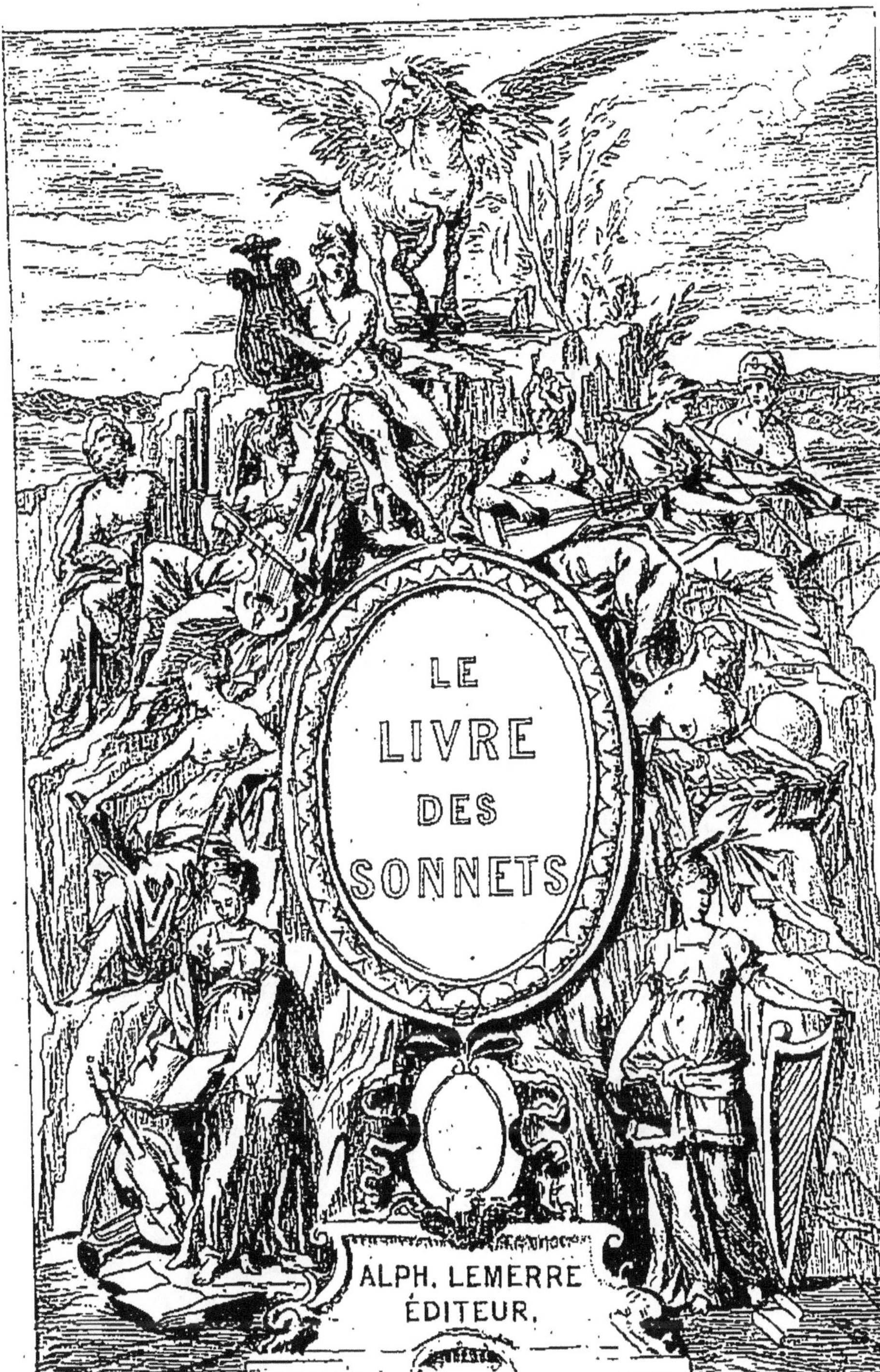

L. Monziès del. & sculp. Imp. A. Salmon.

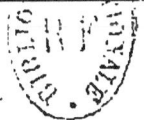

LE LIVRE

es Sonnets

Seize dizains de sonnets choisis

FAC ET SPERA

AL

PARIS

ALPHONSE LEMERRE, ÉDITEUR

23-31, PASSAGE CHOISEUL, 23-31

M DCCC XCIII

AVERTISSEMENT

ous *avons voulu réunir en ce petit volume les Sonnets français qu'on sait les plus fameux, ou qu'on estime les mieux faits.*

Nous avons clos le recueil après le seizième dizain, espérant n'avoir rien omis d'illustre ou d'excellent.

Notre recueil commence avec la Pléiade *& finit avec les poètes contemporains. On pourra suivre ainsi, à travers trois siècles, les variations du plus sévère & du plus charmant des poèmes à forme fixe.*

En publiant le texte des Sonnets, nous avons, suivant notre coutume, respecté l'orthographe & la ponctuation originales.

On sait que les vieux poètes ne donnaient point de titre à chacun de leurs Sonnets. Nous ne nous sommes permis d'ajouter un titre que lorsque le titre même du recueil d'où nous tirions un Sonnet y pouvait être appliqué, ou que la tradition littéraire nous fournissait une désignation consacrée.

Il nous a paru utile d'indiquer, dans des notes, la provenance de chaque Sonnet, & de produire, quand il y avait lieu, des variantes & des éclaircissements.

Une prompte faveur a accueilli les précédentes éditions de ce recueil. Celle-ci contient soixante Sonnets de plus que la première, celle de 1871, & offre, nous osons le croire, un tableau assez complet des destinées du Sonnet en France.

Ce nous est un devoir agréable d'exprimer toute notre reconnaissance à MM. les Éditeurs qui ont bien voulu nous autoriser à publier les Sonnets choisis par nous dans les œuvres dont ils ont la propriété. Ils nous ont fait part de leur bien en faveur du public. Tous ceux qui se plairont à ce petit livre leur sauront gré de nous avoir permis de le faire aussi riche.

A. L.

HISTOIRE

DU SONNET

HISTOIRE DU SONNET

J'AI toujours penſé qu'il y avait un chapitre d'hiſtoire littéraire amuſante à faire ſur le Sonnet. Et, en effet, le Sonnet, indépendamment de ſon importance littéraire, a eu ſon importance hiſtorique.

Depuis le jour où le caprice d'un poëte inventa ſa règle ſavante, on peut ſuivre à travers les âges ſa marche parfois interrompue. On le voit ſe mêler aux événements, s'accrocher à des noms célèbres, & quelquefois devenir cauſe lui-même & occaſionner, comme au temps des Jobelins & des Uranins, de véritables émeutes. Parfois, il a émigré, diſparaiſſant d'un pays pour aller florir dans un autre; & deux grandes nations littéraires fe difputent l'honneur de fon invention.

Enfin, je n'ai jamais lu qu'on fe fût battu pour une Ode, qu'une Élégie eût créé des diffenfions ; & le Sonnet, comme nous l'apprend Balzac, a partagé la cour & la ville & divifé la maifon de France. Le commentaire de Saint-Hyacinthe fur un couplet de chanfon n'a qu'un volume, & l'on ferait une bibliothèque de ce qui a été écrit, tant en profe qu'en vers, à différentes époques, pour, contre & fur le Sonnet.

On fait que Boileau a dit que le dieu des vers,

Voulant pouffer à bout tous les rimeurs françois,
Inventa du Sonnet les rigoureufes lois.

Quant à moi, elles ne m'ont jamais paru tellement rigoureufes, & c'eft indubitablement à fa coupe fi heureufe — véritable invention de génie — & à la perfection impofée par fa concifion que le Sonnet a dû fon fuccès & fa popularité.

Godeau, évêque de Vence, qui fut un poëte diftingué, allait encore plus loin que Defpréaux : il prétendait que le règne du Sonnet n'eft pas de ce monde & niait qu'on en pût faire de parfaits ; il était athée en Sonnet.

Il n'eft pas douteux néanmoins qu'il ne foit fort aifé d'en faire de médiocres, à voir l'innombrable quantité de Sonnets répandus dans les œuvres des poètes français & étrangers. Titon du Tillet, auteur du *Parnaſſe françois,* dit, en parlant de Jodelle : « Il lui étoit fort ordinaire de prononcer des *Sonnets* ſur-le-champ ; & ceux de rencontre ne l'ont ſouvent occupé que le tour d'une allée de jardin. »

L'origine du Sonnet a donné lieu, dès le xvie ſiècle, à de nombreuſes conteſtations. Quelques auteurs ont penſé qu'il était d'invention italienne.

M. Sainte-Beuve, un des derniers qui aient parlé du Sonnet, s'eſt laiſſé prendre à cette opinion lorſqu'il a dit :

Du Bellay, le premier, l'apporta de Florence.

Mais ce n'eſt là qu'une héréſie, réfutée dès ſa naiſſance par Étienne Paſquier, Michel de Noſtradamus, Vauquelin de La Freſnaye, Antoine du Verdier, Lacroix du Maine, Henry Eſtienne, Scévole de Sainte-Marthe, &, après eux, par Colletet, l'académicien.

Selon ce dernier, homme très compétent*, Du Bellay n'aurait fait que reprendre aux Italiens ce qu'ils

---

* Colletet fut non ſeulement un poète d'une certaine valeur, mais un des plus intelligents érudits que la France ait eus. La bibliothèque du Louvre poſſédait le manuſcrit des vies de cent trente poètes français, écrites par lui ; & cet ouvrage, compoſé vers 1620, donne à Colletet le rang de père de notre hiſtoire littéraire.

avaient emprunté aux troubadours de la Provence, & ce que ceux-ci mêmes avaient appris des poëtes qui florissaient à la cour des premiers rois de France.

Voici comment Colletet motive cette assertion, qui a du moins le mérite d'être patriotique :

« Mais quoy que disent tous ces fameux Autheurs touchant la premiere inuention du Sonnet, ie croy qu'il est bien encore de plus ancienne datte. Car ie trouue que Thibaut VII, Comte de Champagne, qui fit vne infinité de Chansons amoureuses en faueur de la Reyne Blanche, Mere du Roy saint Loüis..., témoigne qu'auparauant luy le Sonnet estoit déjà en vsage, puis qu'il en fait mention dans ses Vers,

Et maint Sonnet, & mainte recordie.

Or ce Thibaut, comte de Champagne, & Roy de Nauarre, premier du nom, viuoit l'an 1226, desjà pour lors assez âgé; c'est à dire plus de six vingts ans auparauant Petrarque, qui, comme i'ay dit, estoit (selon quelques-vns) le premier Autheur des Sonnets; & enuiron soixante ans auparauant ce Bertrand de Marseille, ce Guilhem des Almarics, & ce Girard de Bourneüil, qui en ont aussi passé pour les premiers inuenteurs. Ainsi il y a bien de l'apparence que ce sont les Poëtes qui florissoient en la Cour de nos premiers Roys, qui ont les premiers inuenté le Sonnet. Et ce qui me confirme d'autant plus dans cette creance, c'est que... le premier Autheur du fameux Romant de la Rose, Guillaume de Loris, qui mourut l'an 1260, sous le regne du mesme Roy saint Loüis, témoigne que les François en auoient vsé, lors qu'il dit dans son fameux Romant,

Lais d'amours, & Sonnets courtois*. »

Une fois rentré en France, *rapporté* & non plus *apporté* par Du Bellay, le Sonnet devint la fureur, la passion de tout ce qui rimait à la cour de Henri II.

Du Bellay avait donné, sous le titre de *L'Olive*, un recueil de Sonnets en l'honneur de sa maîtresse; on eut la *Francine*, de Baïf, recueil de Sonnets adressés à une dame; la *Claire*, de Charondas, Loys le Caron; la *Castianire*, d'Olivier de Magny; l'*Ariane* & l'*Artémise*, d'Amadis Jamyn; l'*Hippolyte*, la *Diane* & la *Cléonice*, de Philippe Desportes, abbé de Tyron; l'*Admirée*, de Jacques Tahureau; l'*Olympe*, de Jacques Grévin, médecin de Marguerite de France; la *Flore*, de Pierre Le Loyer; l'*Amalthée*, de Claude du Buttet. Enfin Ronsard, sous les noms de *Cassandre*, de *Marie* & d'*Hélène*, publia trois recueils de Sonnets amoureux, & Marc-Antoine de Muret, N. Richelet & Remy Belleau, le chantre d'avril, commentèrent *Hélène, Marie* & *Cassandre*. Voilà donc les deux titres

---

* G. Colletet, *Traitté du Sonnet*, p. 16. M.DC.LVIII.

de la nobleſſe littéraire acquis au Sonnet : la vogue & le commentaire. N'oublions pas de conſigner, pour compléter la litanie, le recueil de ſoixante & onze Sonnets politiques de Pierre Le Loyer.

Mais ce n'était là que le prélude de la gloire du Sonnet. Il n'avait paſſionné que les poètes. Voici venir le temps où la paſſion devait gagner le public, & quel public !

Vers 1599, Honorat Laugier, ſieur de Porchères, qui fut plus tard de l'Académie, compoſa ſur les yeux de la ducheſſe de Beaufort, maîtreſſe de Henri IV, un Sonnet dont la vogue durait encore vingt ans après, & qui ſe trouve imprimé dans tous les recueils de poéſies galantes de l'époque. « Sa reputation, dit Colletet, s'épandit tellement par la France, qu'il en fit naiſtre vne infinité d'autres à ſon imitation. »

Je le cite comme un monument du goût qui régnait alors :

Ce ne ſont pas des yeux, ce ſont pluſtoſt des dieux,
Ils ont deſſus les Rois la puiſſance abſoluë :
Dieux, non, ce ſont des cieux, ils ont la couleur bluë
Et le mouuement prompt comme celuy des cieux :

Cieux, non, mais deux Soleils clairement radieux,
Dont les rayons brillans nous offuſquent la veuë :
Soleils, non, mais eſclairs de puiſſance incognuë,
Des foudres de l'Amour ſignes preſagieux.

Car s'ils eſtoient des dieux feroient-ils tant de mal ?
Si des Cieux, ils auroient leur mouuement eſgal :
Des Soleils, ne ſe peut, le Soleil eſt vnique :

Eſclairs, non, car ceux-cy durent trop, & trop clairs.
Toutesfois ie les nomme, à fin que ie m'explique,
Des yeux, des dieux, des cieux, des ſoleils, des eſclairs.

Il faut ajouter qu'ici Colletet prend ſoin de nous avertir que ce qui fut alors une pièce rare & excellente pourrait bien aujourd'hui tomber dans le ridicule.

Nous trouvons mentionné avec détail, dans le livre de Colletet, le ſuccès obtenu par un Sonnet d'Olivier de Magny à la cour de Henri II. Je tranſcris la page entière, à cauſe des particularités intéreſſantes qui s'y rencontrent :

« Comme Oliuier de Magny, qui viuoit ſous le regne de Henry ſecond, écriuoit d'vn ſtyle aſſez doux, & meſme aſſez fleury pour ſon ſiecle, il compoſa vn grand nombre de Sonnets ſur des ſuiets differens. Mais entre les ſiens il y en eut vn qui paſſa pour vn ouurage ſi charmant, & ſi beau, qu'il n'y eut preſque point alors de curieux qui n'en chargeaſt ſes Tablettes, ou ſa memoire. Ie ne feindray point de l'inferer icy tout entier, puis que ſes œuures ne ſe rencontrent auiourd'huy que fort rarement. *Et puis il ne faut pas mépriser ces nobles Esprits qui ont tant trauaillé à défricher nostre langue, qui estoit deuant eux si barbare, & si inculte.* Voicy donc ce fameux Sonnet, qui est vn Dialogue entre l'Autheur & le vieux Charon.

MAGNY.

Hold, Charon, Charon, Nautonnier infernal!

CHARON.

Qui est cet importun qui si pressé m'appelle?

MAGNY.

*C'est le cœur éploré d'vn Amoureux fidelle,
Lequel pour bien aimer n'eut iamais que du mal.*

CHARON.

Que cherches-tu de moy?

MAGNY.

Le passage fatal.

CHARON.

Quelle est ton homicide?

MAGNY.

*O demande cruelle!
Amour m'a fait mourir.*

CHARON.

Iamais dans ma Nacelle
Nul fuiet à l'Amour ie ne conduis à val.

MAGNY.

Et de grace, Charon, conduy-moy dans ta Barque.

CHARON.

Cherche vn autre Nocher, car ny moy, ny la Parque,
N'entreprenons iamais fur ce Maiftre des Dieux.

MAGNY.

I'iray donc malgré toy, car ie porte dans l'ame
Tant de traits amoureux, tant de larmes aux yeux,
Que ie feray le Fleuue, & la Barque, & la Rame.

Ie ne fçay pas ce qu'en dira maintenant noftre Cour ; mais ie fçay bien que toute la Cour du Roy Henry fecond en fit tant d'eftime, que tous les Muficiens de fon temps, iufques à Orlande, trauaillerent à l'enuy à le mettre en mufique, & le chanterent mille & mille fois, auec vn grand applaudiffement, en la prefence des Roys, & des Princes. »

On voit par cette citation que c'était déjà la coutume des courtifans, fous Henri II, de configner fur leurs *Tablettes* les vers à la mode ; c'eft peut-être là le commencement de la manie des *Albums*.

Quant à la fantaifie de mettre les Sonnets en mufique, ce qui peut fembler bizarre en raifon de la forme même du poème, il paraît que ce fut auffi une mode à cette époque, car Colletet ajoute : « Comme ils firent auſſi la pluſpart des Sonnets de Ronſard, dont nous voyons encore la belle & curieuſe tablature faite par Orlande de Laſſus, Iean Maletti, Antoine de Bertrand, P. Certon, C. Goudimel, Gabriel Bony, Nicolas de la Grotte Vallet de chambre & Organiſte du Roy Henry III, & pluſieurs autres excellens Maiſtres de Muſique ; ce qui fut comme vn heureux augure de leur éternité. »

L'hiſtoire du Sonnet préſente deux périodes d'éclat : au XVIᵉ & au XVIIᵉ ſiècle.

Ronſard fut le roi de la première[*] ; nous verrons plus loin qui fut le roi de la ſeconde.

C'eſt au XVIᵉ ſiècle, dans la fureur de la nouveauté, que furent imaginées ces complications baroques, auprès deſquelles n'étaient plus rien les difficultés qui rendaient ſceptiques Boileau & l'évêque de Vence : Sonnets *boiteux, acroſtiches, méſoſtiches, en bouts-rimés, retournés, lozangés, ſerpentins, croix de Saint-André*, &c., *nus, revêtus, commentés, rapportés*.

Dans le Sonnet *acroſtiche*, les premières lettres de chaque vers devaient former une phraſe à part, qu'on liſait perpendiculairement de haut en bas ; dans le

---

[*] « Pour ce qui eſt des Sonnets de Ronſard, tout rudes qu'ils ſemblent à preſent, on peut dire que le nom, & la mémoire, n'en periront iamais au monde. »

(G. COLLETET, *Traitté du Sonnet.*)

mésostiche, la phrase était formée par les dernières lettres des derniers mots du premier hémistiche, ou par les premières lettres des premiers mots du second. Le Sonnet *rapporté* était tranché en trois ou quatre phrases perpendiculaires. Le *serpentin* devait ramener à la fin le premier vers, mais inversé, de façon, dit Colletet, « qu'à l'imitation du serpent, il semble retourner en luy-mesme. » Enfin on composa des Sonnets *licencieux* ou *libertins*, où l'auteur feignait de violer les règles par emportement poétique ou par entraînement de passion. Baïf, Ronsard, Maynard & Malherbe en ont composé de semblables ; on en cite même de Du Bellay, « dont tous les vers courent à toute bride comme des cheuaux eschappez, & n'ont aucune alliance de rime l'vn auecque l'autre. Témoin celuy-cy :

> *Arriere, arriere, ô meschant populaire,*
> *O que ie hais ce faux peuple ignorant !*
> *Doctes Esprits, fauorisez les Vers*
> *Que veut chanter l'humble Prestre des Muses*. »*

Le phénix, le merle blanc de la poésie difficile & compliquée est sans contredit le Sonnet suivant, indiqué par Colletet dans la vie de Jean de Schelandre**, & qui est à la fois *acrostiche*, *mésostiche*, *lozangé* & *croix de Saint André*.

* Colletet, *Traitté du Sonnet*.
** *Vies des poëtes françois*, ms.

SONNET

en acrostiche, mésostiche, croix de Saint-André
& lozenge

CONTÉ PAR SYLLABES

ANNE DE MONTAVT

DONTANT VNE AME

A Diuge à ma Cypris D'Amour la mèr' & dAme
Non pOint la pomme d'Or Ou vN pareil honNeur
Ne rien d'iN a Nimé Ni preſeNt de feNteur.
En vn au Tel ſi beau, Tout don vil Eſt infame.
Donn', ô brAue pAſſant, Autre Don tout De flame
Et rieN de trop commuN Ni dE l'ex te ri Eur;
MeTs y pour l'adorer TeMps, trauail, cœur & aMe,
Ou ſVr tout n'y a pOint Vn plVs cher que le cOeur:
Nul vienN'à ſemblaNt faux, Noſtre baNd' eſt ſaNs art.
Tel ſous vn fEinT diſcours Et recounErT de fard
A bord'A ces beAu tés, A ceux lA l'on Adiouſté:
Vous qVi feignez l'aMour, MeſVrez vous au Mien,
Tout hypocrit' eſt traiſtr' ET perira ſans doutE.

DeſtourNez Tout AmANT qVi Ne vEut AymER bIEn,
A Ne feindrE D'aymER MOn cœur MONtrE lA rOVTE.

Saint-Amant se moque de ces Sonnets casse-tête :

> *I'ay veu qu'vn Sonnet accrostiche*
> *Anagrammé par l'Emistiche,*
> *Aussi bien que par les deux bouts,*
> *Passoit pour miracle chez vous.*
>
> (Le Poëte crotté.)

Au reste, la réaction avait déjà commencé. Colletet lui-même, en citant le Sonnet que nous venons de transcrire, remarque que c'est là « vn exercice monacal & indigne de la liberté d'vn gentilhomme. »

A quoi Schelandre répondait fièrement :

> *Il est rude & contraint, si en fais-ie grand cas.*
> *Venez, doctes ouuriers (l'ignorant n'y voit goutte) :*
> *C'est assaut de defi, tous ne le feront pas,*
> *Ie ne fais ce qu'il vaut, ie fais ce qu'il me couste.*

Le Sonnet, revenu italien d'Italie, avait accrédité en France le goût de la littérature italienne.

De là prit naissance la secte, ou, comme on dirait aujourd'hui, l'école des Pétrarquistes ou Pétrarquiseurs.

Du Bellay nous paraît quelque peu fatigué de cet engouement, qu'il avait lui-même provoqué, lorsqu'il dit :

> *I'ay oublié l'art de Petrarquiser ;*
> *Ie veux d'amour franchement deuiser.*

Quoi qu'il en foit & malgré Du Bellay, le goût italien continua de fleurir*.

« On comparoit vers par vers, dit Pafquier, les Sonnets de Bembo & d'Ariofte auec les imitations françoifes de Ronfard, de Du Bellay, de Baïf, » & d'Étienne Pafquier lui-même.

Nous trouvons dans fes *Recherches* un Sonnet de Bembo, imité par Baïf, Ronfard & Ét. Pafquier.

Un autre Sonnet, d'un poëte italien dont Pafquier ne donne pas le nom, & commençant par ces mots :

> *O chiome, parte de la treccia d'oro*
> *Di chi fè Amor il laccio,*

eft traduit par Defportes :

> *Cheueux, prefent fatal de ma douce contraire,*
> *Mon cœur plus que mon bras eft par vous enchaifné,*
> *Par vous ie fuis captif en triomphe mené,*
> *Sans que d'vn fi beau rets ie cherche à me deffaire.*

---

* Beaucoup de poëtes de ce temps n'ont pas laiffé de témoigner de l'impatience contre la tyrannie de cette mode italienne. Ainfi, La Mefnardière, dans la préface de fes œuvres, parle des écrivains *de qui les fentimens pleins d'efprit, & le tour ingénieux... font infiniment efloignez de la baffe & vile bouffonnerie de cét infame & vilain Burlefque, dont tant de mauuais copiftes des Originaux Italiens ont infecté depuis dix ans noftre Poëfie.*

Ie sçay qu'on doit fuir les dons d'vn aduersaire,
Toutesfois ie vous aime, & me tiens fortuné
Qu'auec tant de cordons ie sois emprisonné:
Car toute liberté commence à me desplaire.

O Cheueux mes vainqueurs, vantez-vous hardiment
D'enlacer en vos nœuds le plus fidelle amant
Et le cœur plus deuôt qui fut oncq en seruage.

Mais voyez si d'amour ie suis bien transporté,
Qu'au lieu de m'essayer à viure en liberté
Ie porte en tous endroits mes ceps & mon cordage.

Mais de tous ces Sonnets italiens, à qui la renommée, ou le goût du moment, a fait franchir les Alpes, il n'en est pas un qui ait obtenu plus de succès que celui composé par Annibal Caro sur le réveil de sa maîtresse*.

Ce Sonnet, imité lui-même d'une épigramme du poète latin Quintus Catullus, fut trouvé si beau en France, que tout ce qui tenait la plume, ou la lyre, si l'on veut, se piqua de le traduire.

Quelques-unes de ces traductions sont devenues fameuses sous la dénomination commune de *Sonnets de la belle Matineuse*. Gilles Ménage mit le sceau à leur célébrité en composant une dissertation, adressée sous forme de lettre à Conrart, dans laquelle il examina les principales pièces de ce concours.

* Il commence par ce vers :

    Eran l'aer tranquillo e l'onde chiare.

L'honneur en resta à Voiture & à Malleville, dont les vers balancèrent les suffrages de la cour & des gens de lettres.

Ménage nous apprend que, sollicité par Balzac de se mettre à l'ouvrage, « Monsieur de Voiture s'en excusa d'abord sur sa paresse (cette excuse me semble fort legitime), mais enfin sa paresse ceda à la passion qu'il avoit de plaire à Monsieur de Balzac, & il luy envoya ce Sonnet :

Des portes du matin l'Amante de Cephale *...

« Ce Sonnet, ajoute Ménage, est admirablement beau. N'en déplaise aux Vranistes il vaut mieux mille fois que celuy pour Vranie qu'ils ont tant prosné : & ie m'assure que... Monsieur de Voiture, long-temps avant que d'avoir fait ce Sonnet pour cette Belle qui au lever du Soleil fut prise pour le Soleil, en avoit fait vn pour vne autre Belle qui, ayant paru dans vn Iardin à l'heure que le Soleil se couchoit, fut prise pour l'Aurore ; & ce Sonnet, comme vous allez voir, est aussi vne espece d'imitation de celuy du Caro :

Sous vn habit de fleurs la Nymphe que j'adore
L'autre soir apparut si brillante en ces lieux,
Qu'à l'éclat de son teint & celuy de ses yeux,
Tout le monde la prit pour la naissante Aurore.

* Voyez le Sonnet p. 48 de ce recueil.

La Terre en la voyant fit mille fleurs éclore,
L'Air fut par tout remply de chants melodieux,
Et les feux de la Nuit pâlirent dans les Cieux
Et crûrent que le Iour recommençoit encore.

Le Soleil qui tomboit dans le sein de Thetis,
Rallumant toutacoup ses rayons amortis,
Fit tourner ses chevaux pour aller apres elle,

Et l'empire des Flots ne l'eût seu retenir ;
Mais la regardant mieux, & la voyant si belle,
Il se cacha sous l'Onde, & n'osa revenir. »

On connaît le Sonnet de Malleville :

Le silence regnoit sur la terre & sur l'onde[*],
. . . .

Parmi les Sonnets rapportés par Ménage dans son commentaire, il s'en trouve un second de Voiture, deux autres de Malleville ; les autres concurrents sont Francesco Rainerio, gentilhomme milanais, secrétaire de Paul III ; Ménage ; Marescal, de l'Académie française ; Tristan-l'Hermite ; enfin, un anonyme, & de Rampalle qui, par exception, fit un Madrigal au lieu d'un Sonnet.

La querelle des Jobelins & des Uranins marque la seconde période éclatante de l'histoire du Sonnet.

[*] Voyez le Sonnet p. 47 de ce recueil.

Voiture fut pour cette période ce que Ronsard avait été pour la première*.

L'origine de cette querelle fut la rivalité des maisons de Condé & de Longueville, qui protégeaient l'une Benserade, & l'autre Voiture.

« En envoyant à une Dame de qualité une Paraphrase sur le Livre de Job, Benserade l'accompagna d'un Sonnet qui fit beaucoup de bruit**. »

L'hôtel de Longueville ne voulut pas être en reste & produisit un Sonnet de Voiture, son poète, adressé à une dame sous le nom d'Uranie. « L'importante question de supériorité entre ces deux Sonnets par-

---

* On peut voir dans la première édition des *Études sur les femmes illustres de la société du* XVIIe *siècle,* par M. V. Cousin, les lettres de Mmes de Longueville & de Biégy, à propos de la querelle des deux Sonnets.

L'anecdote suivante, racontée par Tallemant au sujet de Voiture & à propos de Sonnets, trouve naturellement sa place ici :

« Mme de Rambouillet l'attrappa bien luy-mesme. Il avoit fait un sonnet dont il estoit assez content; il le donna à Mme de Rambouillet, qui le fit imprimer avec toutes les precautions de chiffre & d'autre chose, & puis le fit coudre adroitement dans un Recueil de vers imprimé il y avoit assez long-temps. Voiture trouve ce livre, que l'on avoit laissé exprès ouvert à cet endroit-là; il lut plusieurs fois ce sonnet; il dit le sien tout bas, pour voir s'il n'y avoit point quelque difference; enfin cela le brouilla tellement qu'il crut avoir lu ce sonnet autrefois, & qu'au lieu de le produire, il n'avoit fait que s'en ressouvenir; on le desabusa enfin, quand on en eut assez ry. »

** Charles Perrault, *Les Hommes illustres.*

tagea la cour & la ville, comme on difait alors. Le prince de Conti fe déclara le chef des *Jobelins;* la duchefſe de Longueville était à la tête des *Uranins*. Tous les beaux efprits de ce temps-là prirent parti : Balzac, Sarrafin, Chapelain, Defmarets, La Mefnardière & le grand Corneille lui-même, fe prononcèrent pour ou contre... En général, les hommes préféraient le Sonnet de Job; les femmes, celui d'Uranie. Une des filles d'honneur de la reine, nommée *La Roche du Maine,* preſſée de fe prononcer, dit qu'elle fe déclarait pour *Tobie*. Ce mot réuffit & devint la réponfe de tous ceux qui n'avaient pas d'avis arrêté, ou qui craignaient de le donner*. »

On trouve dans le *Recueil de Sercy* (t. I) la plupart des pièces compofées en vers & en profe pour ou contre ces deux Sonnets.

Nous avons vu tout à l'heure que Conrart était Jobelin; Scarron l'était auffi, comme on l'apprend par un Madrigal intitulé *Cartel de deffy fur les Sonnets de Iob & d'Vranie,* qui commence ainfi :

> *En qualité de Iobbelin,*
> *Et de feruiteur tres-fidele*
> *De feu Iob dont ie fuis tres-indigne modelle,...*
> *Ie fouſtien qu'on deuroit laiſſer en patience*
> *Ce Iob, qui de fouffrir nous apprit la ſcience.*

* Viollet-le-Duc, *Bibliothèque poétique*.

La Mefnardière était Uranin ; c'eft ce que font du moins fuppofer deux Madrigaux affez équivoques qu'il adreffe, l'un à la duchesse de Longueville, l'autre à la Princeffe Palatine.

Corneille fe tira d'affaire à la normande, par le Sonnet :

> *Deux Sonnets partagent la Ville* *...

De toutes les pièces compofées fur ce fujet, la plus ingénieufe eft certainement la *glofe* imaginée par Sarrafin, qui était Uranifte, fur le Sonnet de Job. Cette glofe eft en quatorze quatrains, dont chacun fe termine par un des vers du Sonnet de Benferade. Elle eft adreffée à l'abbé Efprit, de l'Oratoire, frère de l'académicien, qui, en qualité de commenfal de l'hôtel de Condé, était Jobelin.

Voici la *glofe* de Sarrafin :

> *Monfieur Efprit, de l'Oratoire,*
> *Vous agiffez en homme faint,*
> *De couronner auecque gloire*
> Iob de mille tourmens atteint :

> *L'ombre de Voiture en fait bruit,*
> *Et s'eftant enfin refoluë* *
> *De vous aller voir cette nuit,*
> Vous rendra fa douleur connuë.

* Voyez le Sonnet p. 51 de ce recueil.

C'est vne assez fascheuse veuë,
La nuit, qu'vne Ombre qui se plaint.
Vostre esprit craint cette venuë,
Et raisonnablement il craint.

Pour l'appaiser, d'vn ton fort doux
Dites, i'ay fait vne beueuë
Et ie vous conjure d genoux
Que vous n'en soyez point émeuë.

Mettez, mettez vostre bonnet,
Respondra l'Ombre, & sans berluë
Examinez ce beau Sonnet,
Vous verrez sa misere nuë.

Diriez-vous, voyant Iob malade
Et Bensserade en son beau teint,
Ces vers sont faits pour Bensserade,
Il s'est luy-mesme icy dépeint.

Quoy, vous tremblez, Monsieur Esprit?
Auez-vous peur que ie vous tuë?
De Voiture, qui vous cherit,
Accoustumez-vous à la veuë.

Qu'ay-je dit qui vous peut surprendre,
Et faire paslir vostre teint?
Et que deuiez-vous moins attendre
D'vn homme qui souffre & se plaint?

Vn Autheur qui dans son escrit,
Comme moy, reçoit vne offense,
Souffre plus que Iob ne souffrit,
Bien qu'il eut d'extremes souffrances.

Auec mes Vers vne autre fois
Ne mettez plus dans vos Balances
Des Vers, où sur des Palefrois
On voit aller des patiences.

L'Herty, le Roy des gens qu'on lie,
En son temps auroit dit cela.
Ne poussez pas vostre folie
Plus loin que la sienne n'alla.

Alors l'Ombre vous quittera
Pour aller voir tous vos semblables,
Et puis chaque Iob vous dira
S'il souffrit des maux incroyables.

Mais à propos, hyer au Parnasse
Des Sonnets Phœbus se mesla,
Et l'on dit que de bonne grace
Il s'en plaignit, il en parla.

I'ayme les Vers des Vranins,
Dit-il, mais ie me donne aux Diables,
Si pour les Vers des Iobelins
I'en connois de plus miserables.

Balzac fit pour les Sonnets de Job & d'Uranie ce que Ménage avait fait pour les Sonnets de *La Belle Matineuse*: il se fit le rapporteur du procès. Il est curieux de voir, dans la longue dissertation qu'il consacra à ce sujet, comment Balzac parle, après vingt-cinq ans écoulés, de ce débat qui l'avait tant passionné.

Il serait injuste, dans cette énumération des Sonnets célèbres, d'omettre le Sonnet de Des Barreaux, *La Pénitence,* qui fit aussi beaucoup de bruit dans son temps.

Des Barreaux était un épicurien fort original; il avait été lié dans sa jeunesse avec Des Yveteaux & Théophile.

Bayle cite de lui, entre autres particularités, qu'il se plaisait à changer de domicile selon les saisons de l'année, fantaisie qui, pour le dire en passant, m'a toujours beaucoup séduit.

« Quatre ou cinq ans avant sa mort il revint de tous ses égaremens : il paia ses dettes ; il abandonna à ses sœurs tout ce qui lui restoit de bien, moiennant une pension viagere de quatre mille livres ; & se retira à Châlon sur Saône, le meilleur air, disoit-il, & le plus pur qui fût en France. Il y loüa une petite maison, où il étoit visité des honnêtes gens, & sur tout de Monsieur l'Evêque, qui lui a rendu un bon témoignage. Il y mourut en bon Chrétien l'an 1674*. »

---

* *Dictionnaire historique & critique*, par M. Pierre Bayle.

Ce fut sans doute pour témoigner de son retour à la foi chrétienne qu'il composa ce Sonnet :

Grand Dieu, tes jugemens sont remplis d'équité*...

Malheureusement pour Des Barreaux, comme poëte & comme chrétien, la paternité de ce Sonnet lui est fort contestée : La Monnoye doutait qu'il en fût l'auteur ; Voltaire, dans *Le Siècle de Louis XIV*, le nie positivement & attribue le Sonnet de *La Pénitence* à l'abbé de Lavau.

Mathurin Regnier, après avoir été, comme Des Barreaux, un libertin, fit aussi des Sonnets dévots, sur la fin de sa vie**.

La splendeur du Sonnet s'éteignit en France avec le xviie siècle. Ronsard, Olivier de Magny, lui avaient valu des honneurs royaux ; il avait, au temps de Voiture & de sa petite école, tourné toutes les têtes ; enfin la caricature s'en empara & marqua le premier terme de sa décadence. Scarron, le père de la poésie burlesque, dont la personne même était l'incarnation du genre, obtint le succès du ridicule avec ce Sonnet, demeuré fameux sous le titre de *Sonnet comique* :

---

* Voyez le Sonnet p. 58 de ce recueil.
** Voyez le Sonnet p. 36 de ce recueil.

Superbes monumens de l'orgueil des humains,
Piramides, Tombeaux, dont la vaine structure
A témoigné que l'art, par l'adresse des mains
Et l'assidu trauail, peut vaincre la nature !

Vieux Palais ruinez, chef-d'œuures des Romains
Et les derniers efforts de leur architecture,
Collisée, où souuent ces peuples inhumains
De s'entr'assassiner se donnoient tablature,

Par l'injure des ans vous estes abolis,
Ou du moins la plus-part vous estes démolis :
Il n'est point de ciment que le temps ne dissoude.

Si vos marbres si durs ont senty son pouuoir,
Dois-ie trouuer mauuais qu'un meschant pourpoint noir,
Qui m'a duré deux ans, soit percé par le coude ?

Jean Regnard, le poète comique, a aussi composé un Sonnet burlesque, ou plutôt un *Sonnet gras,* que je m'abstiendrai de citer.

En somme, le Sonnet, comme le Rondeau, comme le Triolet & les autres exercices du rhythme & de la rime, sont un symptôme en histoire littéraire. On ne les trouve cultivés & florissants qu'aux époques de forte poésie, où l'imagination des poètes s'inquiète également du sentiment & de la forme, de l'art & de la pensée. Aussi le XVIIIe siècle, époque de déclamation & de nonchalance poétique, a-t-il peu produit de Sonnets, si tant est qu'on y en trouve. Il semble que la langue poétique, travaillée pendant deux cents ans, éprouva le besoin de se donner du relâche & de courir un peu à sa guise, pour reposer ses articulations fatiguées par le chevalet rhythmique.

Il est d'ailleurs à remarquer que, dans tous les temps, les Sonnets des grands poètes ont toujours été les plus réguliers & les plus irréprochables*. Ainsi : au XVIe siècle, ceux de Ronsard, de Desportes, de Du Bellay; au XVIIe siècle, ceux de Corneille, de Regnier, de Malherbe.

La nouvelle école poétique qui s'ouvrit après 1827, curieuse de tout ce qui tenait au passé de notre histoire littéraire, devait naturellement rencontrer le Soünet dans ses recherches, & le revendiquer.

Quelques-uns des poètes de cette école en ont composé de fort beaux, que tout le monde a lus.

Il est cependant à noter que les deux plus glorieux, MM. de Lamartine & Victor Hugo, n'ont fait ni l'un ni l'autre de Sonnets**. Est-ce mépris d'une forme

---

* Relire le Sonnet dédicatoire à la Reine Régente, en tête de *Polyeucte,* qui est d'une correction magnifique (page 53 de ce recueil). On a retrouvé dernièrement dans le *Recueil* de Godefroy, à la Bibliothèque nationale, un Sonnet inédit de Corneille. (Voyez *Athenæum français,* 2e année.)

** Cette observation, exacte en 1856, date de la première publication de ce travail, ne l'est plus en ce qui touche Victor Hugo. On connaît à présent deux Sonnets de lui : le premier est reproduit dans ce recueil (page 67); nous donnons dans les *Notes & Variantes,* p. 194, le second intitulé JOLIES FEMMES.

qui leur semblait puérilement tyrannique ? Est-ce simplement une conséquence de leur première éducation littéraire ? Dans tous les cas, le Sonnet a pour se consoler de ces dédains les noms des grands hommes qui l'ont cultivé : Dante, Pétrarque, Shakespeare, Corneille, Milton, Ronsard, &c.

M. Sainte-Beuve, qui a tenté d'être le Du Bellay du XIXᵉ siècle, a composé dans sa jeunesse un Sonnet apologétique où sont rassemblés les noms des poètes français & étrangers qui ont écrit des Sonnets :

Ne ris point des sonnets, ô Critique moqueur*!

. . . .

Et l'on en fait plus d'un de notre vieux Ronsard.

Je remarque, en transcrivant ce dernier vers, que je n'ai pas cité un seul Sonnet de Ronsard, non plus que de Du Bellay, ni de Malherbe qui en a fait d'excellents.

J'aurais dû peut-être, pour n'omettre aucun rayon de cette apothéose du Sonnet, rappeler les récompenses fastueuses accordées à certains Sonnets célèbres par de grands rois & de grands hommes : les trois mille livres données à Achillini par Richelieu, pour le Sonnet sur la Prise de la Rochelle**; les trente mille livres payées par Henri IV à Desportes, pour le Sonnet de *Diane & Hippolyte*.

* Voyez le Sonnet p. 68 de ce recueil.
** Voyez ce Sonnet aux *Notes & Variantes*, p. 165.

Mais ces largeſſes mêmes, que prouvent-elles, ſinon l'impoſſibilité radicale de remercier dignement certaines choſes?

Les trois mille livres de Richelieu, les trente mille livres de Henri IV, ne ſont pas une marque plus exacte de la valeur des vers de Deſportes & d'Achillini que les deux mille livres de rente de M. de Rambouillet ne prouvent le mérite des vers de *La Pucelle.* Tout ce qu'elles prouvent, c'eſt que les beaux Sonnets, comme toute belle choſe en ce monde, ſont ſans prix; & cette preuve, l'hiſtoire nous la fourniſſait déjà dans les lettres de Balzac & de Ménage, & auſſi par le ſouvenir qui s'eſt perpétué juſqu'à nous des Sonnets que j'ai rapportés.

CHARLES ASSELINEAU.

LE
LIVRE DES SONNETS

Sonnet

Il n'eſt point tant de barques à Veniſe,
D'huiſtres à Bourg, de lieures en Champaigne,
D'ours en Sauoye, & de veaux en Bretaigne,
De Cygnes blancs le long de la Tamiſe,

Ne tant d'Amours ſe traitent en l'egliſe,
De differents aux peuples d'Alemaigne,
Ne tant de gloire à vn ſeigneur d'Eſpaigne,
Ne tant ſe trouue à la Cour de feintiſe,

Ne tant y a de monſtres en Afrique,
D'opinions en vne republique,
Ne de pardons à Romme aux iours de feſte,

Ne d'auarice aux hommes de pratique,
Ne d'argumens en vne Sorbonique,
Que m'amie a de lunes en la teſte.

Mellin de Saint-Gelais.

Epigramme à M. L. D. D. F.

Lui estant en Italie

Me souvenant de tes graces divines
Suis en douleur, Princesse, en ton absence :
Et si languis quand suis en la presence,
Voyant ce Lys au milieu des espines.

O la douceur des douceurs feminines !
O cœur sans fiel ! ô race d'excellence !
O dur mari rempli de violence
Qui s'endurcit par les choses benignes !

Si feras tu de la main soustenue
De l'Eternel, comme chere tenue,
Et les nuisans auront honte & reproche.

Courage donq, en l'air ie voy la nue
Qui çà & là s'escarte & diminue
Pour faire place au beau temps qui approche.

Clément Marot.

Sonnet de Pétrarque

Sur la mort de sa Dame Laure

Des plus beaux yeux, & du plus cleir visage
Qui onques fut, & des beaux cheveux longs,
Qui faisoient l'or & le Soleil moins blons,
Du plus doux ris, & du plus doux langage,

Des bras & mains, qui eussent en servage,
Sans se bouger, mené les plus felons,
De celle qui du chef insqu'aux talons
Sembloit divin plus qu'humain personnage,

Ie prenois vie. Or d'elle se consolent
Le Roy celeste & ses courriers qui volent,
Me laissant nud, aveugle en ce bas estre,

Vn seul confort attendant à mon dueil,
C'est que là haut, elle, qui sçait mon vueil,
M'impetrera qu'avec elle puisse estre.

Clément Marot.

Sonnet pour Cassandre

Auant le temps tes temples fleuriront,
De peu de iours ta fin sera bornée,
Auant le soir se clorra ta iournée,
Trahis d'espoir tes pensers periront :

Sans me flechir tes escrits fletriront,
En ton desastre ira ma destinée,
Pour abuser les poetes ie suis née,
De tes soupirs nos neueux se riront :

Tu seras fait du vulgaire la fable,
Tu bastiras sus l'incertain du sable,
Et vainement tu peindras dans les Cieux.

Ainsi disoit la Nymphe qui m'affolle,
Lors que le Ciel, tesmoin de sa parolle,
D'vn dextre éclair fut presage à mes yeux.

Pierre de Ronsard.

Sonnet pour Marie

Marie, leuez-vous, ma ieune pareſſeuſe,
Ia la gaye Alouette au ciel a fredonné,
Et ia le Roſſignol doucement iargonné,
Deſſus l'eſpine aſſis, ſa complainte amoureuſe.

Sus, debout, allon voir l'herbelette perleuſe,
Et voſtre beau roſier de boutons couronné,
Et vos œillets mignons auſquels auiez donné
Hier au ſoir de l'eau d'vne main ſi ſongneuſe.

Harſoir en vous couchant vous iuraſtes vos yeux
D'eſtre plus-toſt que moy ce matin eſueillée :
Mais le dormir de l'Aube aux filles gracieux

Vous tient d'vn doux ſommeil encor les yeux ſillée.
Ça ça, que ie les baiſe & voſtre beau tetin
Cent fois, pour vous apprendre à vous leuer matin.

Pierre de Ronſard.

Sonnet

Cesse tes pleurs, mon liure : il n'est pas ordonné
Du destin, que moy vif tu fois riche de gloire :
Auant que l'homme passe outre la riue noire,
L'honneur de son trauail ne luy est point donné.

Quelqu'vn apres mille ans de mes vers estonné
Voudra dedans mon Loir, comme en Permesse, boire :
Et voyant mon pays, à peine pourra croire
Que d'vn si petit lieu tel Poëte soit né.

Pren, mon liure, pren cœur : la vertu precieuse
De l'homme, quand il vit, est tousiours odieuse :
Apres qu'il est absent, chacun le pense vn Dieu.

La rancœur nuit tousiours à ceux qui sont en vie :
Sur les vertus d'vn mort elle n'a plus de lieu,
Et la posterité rend l'honneur sans enuie.

Pierre de Ronsard.

Sonnet pour Marie

Comme on voit sur la branche au mois de May la rose
En sa belle ieunesse, en sa premiere fleur
Rendre le ciel ialoux de sa viue couleur,
Quand l'Aube de ses pleurs au poinct du iour l'arrose :

La grace dans sa fueille, & l'amour se repose,
Embasmant les iardins & les arbres d'odeur :
Mais batue ou de pluye, ou d'excessiue ardeur,
Languissante elle meurt fueille à fueille déclose.

Ainsi en ta premiere & ieune nouueauté,
Quand la terre & le ciel honoroient ta beauté,
La Parque t'a tuée, & cendre tu reposes.

Pour obseques reçoy mes larmes & mes pleurs,
Ce vase plein de laict, ce panier plein de fleurs,
Afin que vif & mort ton corps ne soit que roses.

Pierre de Ronsard.

Sonnet pour Hélène

Quand vous ferez bien vieille, au soir à la chandelle,
Assise aupres du feu, devidant & filant,
Direz chantant mes vers, en vous esmerueillant :
Ronsard me celebroit du temps que i'estois belle.

Lors vous n'aurez seruante oyant telle nouuelle,
Desia sous le labeur à demy sommeillant,
Qui au bruit de mon nom ne s'aille resueillant,
Benissant vostre nom de louange immortelle.

Ie seray sous la terre, & fantôme sans os
Par les ombres myrteux ie prendray mon repos :
Vous serez au fouyer vne vieille accroupie,

Regrettant mon amour & vostre fier desdain.
Viuez, si m'en croyez, n'attendez à demain :
Cueillez dés auiourdhuy les roses de la vie.

Pierre de Ronsard.

Sonnet pour Hélène

« *Il ne faut s'esbahir, disoient ces bons vieillars
Dessus le mur Troyen, voyans passer Helene,
Si pour telle beauté nous souffrons tant de peine,
Nostre mal ne vaut pas vn seul de ses regars.*

« *Toutefois il vaut mieux, pour n'irriter point Mars,
La rendre à son espoux afin qu'il la r'emmeine,
Que voir de tant de sang nostre campagne pleine,
Nostre haure gaigné, l'assaut à nos rampars.* »

Peres, il ne falloit, à qui la force tremble,
Par vn mauuais conseil les ieunes retarder :
Mais & ieunes & vieux vous deuiez tous ensemble

Pour elle corps & biens & ville hazarder.
Menelas fut bien sage, & Páris, ce me semble :
L'vn de la demander, l'autre de la garder.

Pierre de Ronsard.

Sonnet pour Hélène

Afin que ton honneur coule parmy la plaine
Autant qu'il monte au Ciel engraué dans vn Pin,
Inuoquant tous les Dieux & reſpandant du vin
Ie conſacre à ton nom ceſte belle Fontaine.

Paſteurs, que vos troupeaux friſez de blanche laine
Ne paiſſent à ces bords : y fleuriſſe le Thin,
Et tant de belles fleurs qui s'ouurent au matin,
Et ſoit dite à iamais la Fontaine d'Helene.

Le paſſant en Eſté s'y puiſſe repoſer,
Et aſſis deſſus l'herbe à l'ombre compoſer
Mille chanſons d'Helene, & de moy luy ſouuienne.

Quiconques en boira, qu'amoureux il deuienne,
Et puiſſe, en la humant, vne flame puiſer
Auſſi chaude qu'au cœur ie ſens chaude la mienne.

Pierre de Ronſard.

A Monseigneur le Duc de Touraine,
François de France,
fils & frere de Roy,
entrant en la maison de l'Autheur.

Bien que ceste maison ne vante son porphire,
Son marbre ny son iaspe en œuure elabouré,
Que son plancher ne soit lambrissé ny doré,
Ny portrait de tableaux que le vulgaire admire :

Toutefois Amphion l'a bien daigné construire,
Où le son de sa lyre est encor demeuré,
Où Phebus comme en Delphe y est seul honoré,
Où la plus belle Muse a choisi son Empire.

Apprenez, mon grand Prince, à mespriser les biens.
La richesse d'vn Prince est l'amitié des siens :
Le reste des grandeurs nous abuse & nous trompe.

La bonté, la vertu, la iustice & les lois
Aiment mieux habiter les antres & les bois
Que l'orgueil des Palais qui n'ont rien que la pompe.

Pierre de Ronsard.

Sonnet

Ie vous enuoyé vn bouquet que ma main
Vient de trier de ces fleurs épanies :
Qui ne les euſt à ce veſpre cueillies,
Cheutes à terre elles fuſſent demain.

Cela vous ſoit vn exemple certain
Que vos beautez, bien qu'elles ſoient fleuries,
En peu de temps cherront toutes flaitries,
Et, comme fleurs, periront tout ſoudain.

Le temps s'en-va, le temps s'en-va, ma Dame,
Las! le temps non, mais nous nous en-allons,
Et toſt ſerons eſtendus ſous la lame :

Et des amours deſquelles nous parlons,
Quand ſerons morts, n'en ſera plus nouuelle :
Pour ce aymez-moy, ce pendant qu'eſtes belle.

Pierre de Ronſard.

Sonnet

Si noſtre vie eſt moins qu'vne iournee
En l'eternel, ſi l'an qui fait le tour
Chaſſe noz iours ſans eſpoir de retour,
Si periſſable eſt toute choſe nee,

Que ſonges-tu, mon ame empriſonnee ?
Pourquoy te plait l'obſcur de noſtre iour,
Si pour voler en vn plus cler ſeiour
Tu as au dos l'aile bien empennée ?

Là eſt le bien que tout eſprit deſire,
Là le repos où tout le monde aſpire,
Là eſt l'amour, là le plaiſir encore.

Là, ô mon ame au plus hault ciel guidee,
Tu y pourras recognoiſtre l'Idee
De la beauté qu'en ce monde i'adore.

Joachim du Bellay.

Sonnet

Ce pendant que Magny suit son grand Auanson,
Panjas son Cardinal, & moy le mien encore,
Et que l'espoir flateur, qui noz beaux ans deuore,
Appaste noz desirs d'un friand hameçon,

Tu courtises les Roys, & d'un plus heureux son
Chantant l'heur de Henry, qui son siecle decore,
Tu t'honores toymesme, & celuy qui honore
L'honneur que tu luy fais par ta docte chanson.

Las! & nous ce pendant nous consumons nostre aage
Sur le bord incogneu d'un estrange riuage,
Où le malheur nous fait ces tristes uers chanter,

Comme on uoid quelquefois, quand la mort les appelle,
Arrangez flanc à flanc parmy l'herbe nouuelle,
Bien loing sur un estang trois cygnes lamenter.

Joachim du Bellay.

Sonnet

Heureux qui, comme Vlyſſe, a fait un beau uoyage,
Ou comme ceſtuy là qui conquit la toiſon,
Et puis eſt retourné, plein d'uſage & raiſon,
Viure entre ſes parents le reſte de ſon aage!

Quand renoiray-ie, helas, de mon petit uillage
Fumer la cheminee : & en quelle ſaiſon
Renoiray-ie le clos de ma pauure maiſon,
Qui m'eſt une prouince, & beaucoup d'auantage?

Plus me plaiſt le ſeiour qu'ont baſty mes ayeux,
Que des palais Romains le front audacieux :
Plus que le marbre dur me plaiſt l'ardoiſe fine,

Plus mon Loyre Gaulois, que le Tybre Latin,
Plus mon petit Lyré, que le mont Palatin,
Et plus que l'air marin la doulceur Angeuine.

Joachim du Bellay.

Sonnet

Voicy le Carneual, menons chafcun la fienne,
Allons baller en mafque, allons nous pourmener,
Allons uoir Marc Antoine, ou Zany bouffonner,
Auec fon Magnifique à la Venitienne :

Voyons courir le pal à la mode ancienne,
Et uoyons par le nez le fot bufle mener :
Voyons le fier taureau d'armes enuironner,
Et uoyons au combat l'adreffe Italienne :

Voyons d'œufz parfumez un orage grefler,
Et la fufee ardent' fiffler menu par l'air.
Sus donc, depefchons-nous, uoicy la pardonnance :

Il nous fauldra demain uifiter les faincts lieux,
Là nous ferons l'amour, mais ce fera des yeux,
Car paffer plus auant c'eft contre l'ordonnance.

Joachim du Bellay.

Sonnet

Toy qui de Rome emerueillé contemples
L'antique orgueil, qui menaſſoit les cieux,
Ces uieux palais, ces monts audacieux,
Ces murs, ces arcz, ces thermes, & ces temples,

Iuge, en uoyant ces ruines ſi amples,
Ce qu'a rongé le temps iniurieux,
Puis qu'aux ouuriers les plus induſtrieux
Ces uieux fragmens encor ſeruent d'exemples.

Regarde apres, comme de iour en iour
Rome fouillant ſon antique ſeiour,
Se rebatiſt de tant d'œuures diuines :

Tu iugeras, que le dæmon Romain
S'efforce encor d'une fatale main
Reſſuſciter ces poudreuſes ruines.

Joachim du Bellay.

Sonnet de l'amour de Francine

Songe heureux & diuin, trompeur de ma tristesse,
O que ie te regrette! ò que ie m'éueillay,
Helas, à grand regret, lors que ie dessillay
Mes yeux, qu'vn mol someil d'vn si doux voile presse.

I'enserray bras à bras nu à nu ma maistresse,
Ma iambe auec sa iambe heureux i'entortillay,
Sa bouche auec ma bouche à souhet ie mouillay,
Cueillant la douce fleur de sa tendre ieunesse.

O plaisir tout diuin! ò regret ennuieux!
O gracieux someil! ò reueil enuieux!
O si quelcun des dieux des amans se soucie!

Dieux, que ne fistes vous, ou ce songe durer
Autant comme ma vie, ou non plus demeurer
Que ce doux songe court, ma miserable vie?

Jean-Antoine de Baïf.

Sonnet

Lors que pour vous baiſer ie m'approche de vous,
En ſouſpirant, mon ame à ſecrettes emblees
S'eſcoule hors de moy ſur vos léures comblees
D'vn Nectar dont les Dieux meſme ſeroyent ialoux.

Puis quand elle s'eſt peuë en ce breuuage doux,
Et la mienne & la voſtre enſemble ſont meſlees,
Tout auſſi toſt ie ſens les forces eſcoulees
De mon corps afoibly qui demeure ſans poux.

Que ſeras-tu, chetif ? Qu'en dites-vous, ma vie ?
C'eſt par voſtre douceur qu'elle a touſiours ſuiuie,
Que ſon corps eſt reſté de ſes membres perclus.

Hà ! changez ce baiſer : hà ! changez-le, maiſtreſſe,
Changez-le, ou dans vos bras mon ame ie vous laiſſe :
Non, ne le changez pas, mais ne m'en donnez plus.

Remy Belleau.

Sonnet

Ie vis, ie meurs : ie me brule & me noye.
I'ay chaut eſtreme en endurant froidure :
La vie m'eſt & trop molle & trop dure.
I'ay grans ennuis entremeſlez de ioye :

Tout à un coup ie ris & ie larmoye,
Et en plaiſir maint grief tourment i'endure :
Mon bien s'en va, & à iamais il dure :
Tout en un coup ie ſeiche & ie verdoye.

Ainſi Amour inconſtamment me meine :
Et quand ie penſe auoir plus de douleur,
Sans y penſer ie me treuue hors de peine.

Puis quand ie croy ma ioye eſtre certeine,
Et eſtre au haut de mon deſiré heur,
Il me remet en mon premier malheur.

Louiſe Labé.

Sonnet

Tant que mes yeus pourront larmes espandre,
A l'heur passé auec toy regretter,
Et qu'aus sanglots & soupirs resister
Pourra ma voix, & un peu faire entendre :

Tant que ma main pourra les cordes tendre
Du mignart Lut, pour tes graces chanter :
Tant que l'esprit se voudra contenter
De ne vouloir rien fors que toy comprendre :

Ie ne souhaitte encore point mourir.
Mais quand mes yeus ie sentiray tarir,
Ma voix cassee, & ma main impuissante,

Et mon esprit en ce mortel seiour
Ne pouuant plus montrer signe d'amante :
Priray la Mort noircir mon plus cler iour.

Louise Labé.

Sonnet

Oh si i'eſtois en ce beau ſein rauie
De celui là pour lequel vois mourant :
Si auec lui viure le demeurant
De mes cours iours ne m'empeſchoit enuie :

Si m'acollant me diſoit : Chere Amie,
Contentons nous l'un l'autre, s'aſſeurant
Que ia tempeſte, Euripe, ne Courant
Ne nous pourra deſioindre en notre vie :

Si de mes bras le tenant acollé,
Comme du Lierre eſt l'arbre encercelé,
La mort venoit, de mon aiſe enuieuſe :

Lors que ſouef plus il me baiſeroit,
Et mon eſprit ſur ſes leures fuiroit,
Bien ie mourrois, plus que viuante, heureuſe.

Louiſe Labé.

Sonnet

Baise m'encor, rebaise moy & baise :
Donne m'en un de tes plus sauoureus,
Donne m'en un de tes plus amoureus :
Ie t'en rendray quatre plus chaus que braise.

Las, te pleins tu ? ça, que ce mal i'apaise,
En t'en donnant dix autres doucereus.
Ainsi meslans nos baisers tant heureus
Iouissons nous l'un de l'autre à nostre aise.

Lors double vie à chacun en suiura.
Chacun en soy & son ami viura.
Permets m'Amour penser quelque folie :

Toussiours suis mal, viuant discrettement,
Et ne me puis donner contentement,
Si hors de moy ne fay quelque saillie.

Louise Labé.

A ma quenoille

Quenoille mon fouci, ie vous promets & iure
De vous aimer toufiours, & iamais ne changer
Voftre honneur domeftic pour vn bien eftranger,
Qui erre inconftamment & fort peu de temps dure.

Vous ayant au cofté ie fuis beaucoup plus feure
Que fi encre & papier fe venoient aranger
Tout à l'entour de moy, car pour me renanger
Vous pouuez bien pluftoft repouffer vne iniure.

Mais, quenoille m'amie, il ne faut pas pourtant
Que pour vous eftimer, & pour vous aimer tant,
Ie delaiffe du tout ceft' honnefte couftume

D'efcrire quelque fois : en efcriuant ainfi
I'efcri de voz valeurs, quenoille mon fouci,
Ayant dedans la main le fuzeau & la plume.

Catherine Des Roches.

Sonnet

Ce iourd'huy du Soleil la chaleur alterce
A iauny le long poil de la belle Ceres,
Ores il se retire, & nous gaignons le frais,
Ma Marguerite & moy, de la douce serce.

Nous traçons dans les bois quelque voye esgaree,
Amour marche deuant, & nous marchons apres :
Si le vert ne nous plaist des espesses forests,
Nous descendons pour voir la couleur de la pree.

Nous viuons francs d'esmoy, & n'auons point soucy
Des Roys, ny de la Cour, ne des villes aussi.
O Medoc mon pais solitaire & sauuage,

Il n'est point de pais plus plaisant à mes yeux :
Tu es au bout du monde, & ie t'en aime mieux,
Nous sçauons apres tous les malheurs de nostre aage.

Étienne de la Boétie.

Sonnet

Quand ie voy quelque fois Madame emmy la rue,
Qui tient tous les paſſans en esbayſſement,
Bien que de la veoir i'aye vn grand contentement,
Ie ne fay point ſemblant de l'auoir iamais veuë.

Mais quand dedans vn lict ie la tiens toute nue,
Et que nous nous baiſons l'vn l'autre ardantement,
Et que nous nous ſerrons l'vn l'autre eſtroitement,
Il ne ſemble pas lors qu'ell' me ſoit incongnuë.

Ie ne dy point ſon nom, & dire ne le veux,
Pource que les amours qui ſont entre nous deux
Ie ne voudroy pour rien eſtre ſçeus de perſonne :

Il me ſuffit auſſi de cognoiſtre mon bien,
Et d'auoir en aimant la fortune ſi bonne,
Que ie ſuis bien aimé ſans qu'il me couſte rien.

Olivier de Magny.

Sonnet

ICARE est cheut icy le ieune audacieux,
Qui pour voler au Ciel eut assez de courage :
Icy tomba son corps degarni de plumage
Laissant tous braues cœurs de sa cheute enuieux.

O bien-heureux trauail d'vn esprit glorieux,
Qui tire vn si grand gain d'vn si petit dommage !
O bien-heureux malheur plein de tant d'auantage,
Qu'il rende le vaincu des ans victorieux !

Vn chemin si nouueau n'estonna sa ieunesse,
Le pouuoir luy faillit mais non la hardiesse.
Il eut pour le brûler des astres le plus beau.

Il mourut poursuiuant vne haute aduenture,
Le Ciel fut son desir, la Mer sa sepulture.
Est-il plus beau dessein, ou plus riche tombeau ?

Philippe Desportes.

Sonnet pour Diane

Lettres, le seul repos de mon ame agitee,
Helas! il le faut donc me separer de vous :
Et que par la rigueur d'vn iniuste courroux
Ma plus belle richesse ainsi me soit ostee.

Ha! ie mourray plustost, & ma dextre indontee
Flechira par mon sang le Ciel traistre & ialoux,
Que ie m'aille priuant d'vn bien qui m'est si doux :
Non, ie n'en feray rien, la chance en est iettee.

Il le faut toutesfois, elle les veut rauoir,
Et de luy resister ie n'ay cœur ny pouuoir,
A tout ce qu'elle veut mon ame est trop contrainte.

O Beauté sans arrest, mais trop ferme en rigueur,
Tien, repren tes papiers & ton amitié fainte,
Et me rens mon repos, ma franchise & mon cœur.

Philippe Desportes.

D'vne Fontaine

Ceſte fontaine eſt froide, & ſon eau doux-coulante,
A la couleur d'argent, ſemble parler d'amour :
Vn herbage mollet reuerdit tout autour,
Et les aunes font ombre à la chaleur brulante.

Le fueillage obeit à Zephyr qui l'eſuante
Soupirant amoureux en ce plaiſant ſeiour :
Le Soleil clair de flamme eſt au milieu du iour,
Et la terre ſe fend de l'ardeur violante.

Paſſant, par le trauail du long chemin laſſé,
Brulé de la chaleur, & de la ſoif preſſé,
Arreſte en ceſte place où ton bon-heur te mainc.

L'agreable repos ton corps delaſſera,
L'ombrage & le vent frais ton ardeur chaſſera,
Et ta ſoif ſe perdra dans l'eau de la fontaine.

Philippe Deſportes.

Sonnet spirituel

Depuis le triste poinct de ma fraisle naissance,
Et que dans le berceau pleurant ie fu posé,
Quel iour marqué de blanc m'a tant fauorisé
Que de l'ombre d'vn bien i'aye eu la cognoissance ?

A peine estoient sechez les pleurs de mon enfance
Qu'au froid, au chaud, à l'eau ie me veis exposé,
D'amour, de la fortune, & des grands maistrisé,
Qui m'ont payé de vent pour toute recompanse.

I'en suis fable du monde, & mes vers dispersez
Sont les signes piteux des maux que i'ay passez,
Quand tant de fiers tyrans rauageoyent mon courage.

Toy qui m'ostes le ioug & me fais respirer,
O Seigneur, pour iamais vueille moy retirer
De la terre d'Egypte, & d'vn si dur seruage.

Philippe Desportes.

Au Roy

Sire, Thulene est mort : i'ay veu sa sepulture :
Mais il est presque en vous de le resusciter :
Faictes de son estat vn poëte heriter :
Le poëte & le fou sont de mesme nature.

L'vn fuit l'ambition, & l'autre n'en a cure :
Tous deux ne font iamais leur argent profiter :
Tous deux sont d'vne humeur aisée à irriter :
L'vn parle sans penser, & l'autre à l'auenture.

L'vn a la teste verte, & l'autre va couuert
D'vn ioly chapperon faict de iaune & de vert :
L'vn chante des sonets, l'autre danse aus sonettes.

Le plus grand different qui se treuue entre nous,
C'est qu'on dict que tousiours fortune aime les fouls,
Et qu'elle est peu souuent fauorable aus poëtes.

Jean Passerat.

Sonnet

François, arreste-toy, ne passe la campagne
Que nature mura de Rochers d'vn costé,
Que l'Auriege entrefend d'vn cours precipité :
Campagne qui n'a point en beauté de compagne.

Passant, ce que tu vois n'est point vne montagne,
C'est vn grand Briaree, vn geant haut-monté,
Qui garde ce passage, & defend, indomté,
De l'Espagne la France, & de France l'Espagne.

Il tend à l'vne l'vn, à l'autre l'autre bras :
Il porte sur son chef l'antique faix d'Atlas,
Dans deux contraires mers il pose ses deux plantes.

Les espaisses forests sont ses cheueux espaix,
Les rochers sont ses os, les riuieres bruyantes
L'eternelle sueur que luy cause vn tel faix.

Du Bartas.

Sonnet au Roi

Sire, voſtre Citron, qui couchoit autrefois
Sur voſtre lict paré, couche ores ſur la dure :
C'eſt ce fidelle chien qui apprit de nature
A faire des amis & des traiſtres le choix :

C'eſt lui qui les brigands effrayoit de ſa voix,
Et de dents les meurtriers : d'où vient donc qu'il endure
La faim, le froid, les coups, les defdains, & l'iniure,
Payement couſtumier du ſervice des Rois ?

Sa fierté, ſa beauté, ſa ieuneſſe agreable
Le fit cherir de vous ; mais il fut redoutable
A vos haineux, aux ſiens, par ſa dexterité.

Courtiſans, qui iettez vos defdaigneuſes veuës
Sur ce chien delaiſſé, mort de faim par les ruës,
Attendez ce loyer de la fidelité.

Agrippa d'Aubigné.

Au Roy

Qu'auec vne valeur à nulle autre feconde,
Et qui feule eſt fatale à noſtre guerifon,
Voſtre courage meur en fa verte faifon
Nous ait acquis la paix fur la terre & fur l'onde;

Que l'Hydre de la France, en reuoltes feconde,
Par vous foit du tout morte, ou n'ait plus de poifon,
Certes c'eſt vn bon-heur dont la juſte raifon
Promet à voſtre front la couronne du monde.

Mais qu'en de ſi beaux faits vous m'ayez pour témoin,
Connoiſſez-le, mon Roy, c'eſt le comble du foin
Que de vous obliger ont eu les deſtinées.

Tous vous fçauent loüer, mais non également;
Les ouurages communs viuent quelques années;
Ce que Malherbe écrit dure eternellement.

François de Malherbe.

Sur la mort du fils de l'Autheur

Que mon Fils ait perdu sa despoüille mortelle,
Ce fils qui fut si braue, & que i'aimay si fort :
Ie ne l'impute point à l'iniure du sort,
Puis que finir à l'homme est chose naturelle.

Mais que de deux maraux la surprise infidelle
Ait terminé ses iours d'vne tragique mort,
En cela ma douleur n'a point de reconfort :
Et tous mes sentimens sont d'accord auec elle.

O mon Dieu, mon Sauueur, puisque par la raison
Le trouble de mon ame estant sans guerison,
Le veu de la vengeance est vn veu legitime,

Fais que de ton appuy ie sois fortifié :
Ta Iustice t'en prie ; & les autheurs du crime
Sont fils de ces bourreaux qui t'ont crucifié.

François de Malherbe.

Sonnet

Cependant qu'en la Croix plein d'amour infinie,
Dieu pour noſtre ſalut tant de maux ſupporta,
Que par ſon iuſte ſang noſtre ame il racheta
Des priſons où la mort la tenoit aſſeruie,

Alteré du deſir de nous rendre la vie,
I'ay ſoif, dit-il aux Iuifs ; quelqu'vn lors apporta
Du vinaigre, & du fiel, & le luy preſenta ;
Ce que voyant ſa mere en la ſorte s'écrie :

Quoy ! n'eſt-ce pas aſſez de donner le trépas
A celuy qui nourrit les hommes icy bas,
Sans frauder ſon deſir, d'vn ſi piteux breuuage ?

Venez, tirez mon ſang de ces rouges canaux,
Ou bien prenez ces pleurs qui noyent mon viſage,
Vous ſerez moins cruels, & i'auray moins de maux.

Mathurin Regnier.

Sonnet

Le peché me surmonte, & ma peine est si grande,
Lors que mal-gré moy-mesme il triomphe de moy,
Que pour me retirer du gouffre où ie me voy,
Ie ne sçay quel hommage il faut que ie te rende.

Ie voudrois bien t'offrir ce que ta loy commande,
Des prieres, des vœux, & des fruits de ma foy.
Mais voyant que mon cœur n'est pas digne de toy,
Ie fay de mon Sauueur mon eternelle offrande.

Reçoy ton Fils, ô Pere! & regarde la Croix,
Où prest de satisfaire à tout ce que ie dois
Il te fait de luy-mesme vn sanglant sacrifice.

Et puis qu'il a pour moy cét excés d'amitié,
Que d'estre incessamment l'obiect de ta Iustice,
Ie seray, s'il te plaist, l'obiect de ta pitié.

Ogier de Gombauld.

Sonnet

Ton orgueil peut durer au plus deux ou trois ans.
Apres, ceste beauté ne fera plus si viue,
Tu verras que ta flame alors fera tardiue
Et que tu deuiendras l'obiect des mefdifans.

Tu feras le refus de tous les Courtifans,
Les plus fots laifferont ta paffion oyfiue,
Et tes defirs honteux, d'vne amitié lafciue
Tenteront vn valet à force de prefens.

Tu chercheras à qui te donner pour maiftreffe,
On craindra ton abord, on fuira ta careffe;
Vn chacun de par tout te donnera congé,

Tu reuiendras à moy, ie n'en feray nul compte,
Tu pleureras d'amour, ie riray de ta honte :
Lors tu feras punie, & ie feray vengé.

Théophile de Viau.

Sonnet

Assis sur vn fagot, vne pipe à la main,
Tristement accoudé contre vne cheminée,
Les yeux fixes vers terre, & l'ame mutinée,
Ie songe aux cruautez de mon sort inhumain.

L'espoir qui me remet du iour au lendemain
Essaye à gaigner temps sur ma peine obstinée,
Et me venant promettre vne autre destinée
Me fait monter plus haut qu'vn Empereur Romain.

Mais à peine cette herbe est-elle mise en cendre,
Qu'en mon premier estat il me conuient descendre,
Et passer mes ennuis à redire souuent :

Non, ie ne trouue point beaucoup de difference,
De prendre du tabac, à viure d'esperance,
Car l'vn n'est que fumée, & l'autre n'est que vent.

Saint-Amant (de).

Les Goinfres

Coucher trois dans vn drap, sans feu ny sans chandelle,
Au profond de l'Hyuer dans la Sale aux fagots,
Où les Chats, ruminans le langage des Gots,
Nous esclairent sans cesse, en roüant la prunelle;

Hausser nostre cheuet auec vne escabelle,
Estre deux ans à ieun comme les Escargots,
Resuer en grimassant ainsi que les Magots
Qui baillans au Soleil se gratent sous l'aisselle;

Mettre au lieu de bonnet la coiffe d'vn chapeau,
Prendre pour se couurir la frise d'vn manteau
Dont le dessus seruit à nous doubler la panse;

Puis souffrir cent brocars d'vn vieux hoste irrité
Qui peut fournir à peine à la moindre despense,
C'est ce qu'engendre enfin la prodigalité.

Saint-Amant (de).

Le Pareſſeux

Accablé de Pareſſe, & de Melancholie,
Ie rêue dans vn lict, où ie ſuis fagotté
Comme vn liéure ſans os, qui dort dans vn paſté,
Ou comme vn Dom-Quichot en ſa morne folie.

Là, ſans me ſoucier des Guerres d'Italie,
Du Comte Palatin, ny de ſa Royauté,
Ie conſacre vn bel Hymne à ceſte oiſiueté
Où mon Ame en langueur eſt comme enſeuelie.

Ie trouue ce plaiſir ſi doux & ſi charmant,
Que ie croy que les biens me viendront en dormant,
Puis que ie voy des-ja s'en enfler ma bedaine;

Et hay tant le trauail, que, les yeux entr'ouuers,
Vne main hors des draps, cher BAVDOIN, *à peine*
Ay-je pû me reſoudre à t'eſcrire ces Vers.

Saint-Amant (de).

L'Automne des Canaries

Voicy les seuls costaux, voicy les seuls valons
Où Baccus & Pomone ont estably leur gloire,
Iamais le riche honneur de ce beau territoire
Ne ressentit l'effort des rudes Aquilons.

Les Figues, les Muscats, les Pesches, les Melons,
Y couronnent ce Dieu qui se delecte à boire,
Et les nobles Palmiers sacrez à la Victoire,
S'y courbent sous des fruicts qu'au miel nous égalons.

Les Cannes au doux suc, non dans les Marescages,
Mais sur des flancs de Roche y forment des boccages,
Dont l'Or plein d'ambrosie éclatte & monte aux Cieux.

L'Orange en mesme iour y meurit & boutonne,
Et durant tous les mois on peut voir en ces lieux
Le Printemps & l'Esté confondus en l'Automne.

Saint-Amant (de).

Sonnet

Il est temps, ma belle ame, il est temps qu'on finisse
Le mal dont vos beaux yeux m'ont quatre ans tourmenté,
Soit rendant mon desir doucement contenté,
Soit faisant de ma vie vn cruel sacrifice.

Vous tenez en vos mains ma grace & mon supplice,
Iugez lequel des deux mon cœur a merité :
Car ma fidele amour, ou ma temerité,
Veut qu'on me recompense, ou bien qu'on me punisse.

Mais si vous ne portez vn cœur de diamant,
Vous ne punirez point vn miserable amant
De vous auoir esté si longuement fidele :

Veu mesme que son mal vous doit estre imputé.
Car en fin puis qu'Amour est fils de la Beauté,
Si c'est peché qu'aimer, c'est malheur qu'estre belle.

Bertaut.

Aduis, à vn Poëte beuueur d'eau

En vain, pauure Tircis, tu te romps le cerueau,
Pour changer en beaux vers tes rimes imparfaites;
Tu n'auras point l'ardeur des illustres Poëtes,
Si ton Esprit d'oyson se refroidit dans l'eau.

Va trinquer à longs traits de ce Nectar nouueau
Que le Cormié recelle en ses caues secrettes,
Si tu veux effacer ces antiques Prophetes
Dont le Nom brille encor dans la nuit du tombeau.

Bien que les neuf Beautez des riues d'Hipocreine
Exaltent la vertu des eaux de leur Fontaine,
Les sines qu'elles font ne s'en abreuuent pas ;

Là sous des lauriers vers, ou plustost sous des treilles,
Les tonneaux de vin Grec eschauffent leurs repas,
Et l'eau n'y rafraischit que le cu des Bouteilles.

Guillaume Colletet.

Sur la Naissance
de Nostre Seigneur

Qui vid iamais au monde vn miracle pareil ?
Vn Dieu s'assuiettit aux loix de la Nature,
Le Createur de tout naist de sa Creature,
Et la Lumiere sort des ombres du Sommeil.

Bien qu'il vienne sur Terre en vn pauure appareil,
Qu'vn Antre tenebreux luy serue de closture,
C'est luy qui fit du Ciel la belle Architecture,
Et qui fonda son Throsne au milieu du Soleil.

O celestes Esprits, sainctes Intelligences,
Qui vous glorifiez de vos pures essences,
Et rendiez de vostre heur tous les Hommes ialoux,

Enuiez auiourd'huy, par vn contraire eschange,
Le bon-heur que le Ciel vient respandre sur nous,
Puisque Dieu s'est fait Homme, & ne s'est point fait Ange.

Guillaume Colletet.

A Monsieur de Charleval

Lors qu'Adam vit cette jeune beauté
Faite pour luy d'vne main immortelle,
S'il l'aima fort, elle de son costé
(Dont bien nous prend) ne luy fut pas cruelle.

Chér CHARLEVAL, *alors en verité*
Ie croy qu'il fut vne femme fidelle ;
Mais comme quoy ne l'auroit-elle esté,
Elle n'auoit qu'vn seul homme auec elle.

Or en cela nous nous trompons tous deux,
Car bien qu'Adam fut jeune & vigoureux,
Bien fait de corps & d'esprit agreable,

Elle aima mieux pour s'en faire conter
Prester l'oreille aux fleuretes du Diable,
Que d'estre femme & ne pas coqueter.

Sarrasin.

La Belle Matineuſe

Le ſilence regnoit ſur la terre & ſur l'onde,
L'air deuenoit ſerain, & l'Olympe vermeil,
Et l'amoureux Zephire affranchy du ſommeil
Reſuſciloit les fleurs d'vne haleine feconde,

L'Aurore deſployoit l'or de ſa treſſe blonde
Et ſemoit de rubis le chemin du Soleil,
Enfin ce Dieu venoit au plus grand apareil
Qu'il ſoit iamais venu pour eſclairer le monde,

Quand la ieune Philis au viſage riant,
Sortant de ſon Palais plus clair que l'Orient,
Fit voir vne lumiere & plus viue & plus belle.

Sacré flambeau du iour, n'en ſoyez point ialoux,
Vous paruſtes alors auſſi peu deuant elle
Que les feux de la nuit auoient fait deuant vous.

Claude de Malleville.

La Belle Matineufe.

Des portes du matin l'Amante de Cephale
Ses roſes eſpandoit dans le milieu des airs,
Et iettoit ſur les Cieux nouuellement ouuers
Ces traits d'or, & d'azur, qu'en naiſſant elle eſtale,

Quand la Nymphe diuine, à mon repos fatale,
Apparut, & brilla de tant d'attraits diuers,
Qu'il ſembloit qu'elle ſeule eſclairoit l'vniuers,
Et rempliſſoit de feux la riue Orientale.

Le Soleil ſe haſtant pour la gloire des Cieux,
Vint oppoſer ſa flame à l'éclat de ſes yeux,
Et prit tous les rayons dont l'Olympe ſe dore;

L'onde, la terre, & l'air s'allumoient à l'entour :
Mais aupres de Philis on le prit pour l'Aurore,
Et l'on creut que Philis eſtoit l'Aſtre du iour.

Voiture.

Sonnet d'Vranie

Il faut finir mes iours en l'amour d'Vranie,
L'abfence ni le temps ne m'en fçauroient guerir,
Et ie ne voy plus rien qui me pût fecourir,
Ni qui fceuſt r'appeller ma liberté bannie.

Dés long-temps ie connois fa rigueur infinie,
Mais penfant aux beautez pour qui ie dois perir,
Ie benis mon martyre, & content de mourir
Ie n'ofe murmurer contre fa tyrannie.

Quelquefois ma raifon, par de foibles difcours,
M'incite à la reuolte, & me promet fecours;
Mais lors qu'à mon befoin ie me veux feruir d'elle,

Apres beaucoup de peine, & d'efforts impuiffans,
Elle dit qu'Vranie eſt feule aymable & belle,
Et m'y r'engage plus que ne font tous mes fens.

Voiture.

Sur Job

Job de mille tourments atteint,
Vous rendra sa douleur connuë;
Et raisonnablement il craint
Que vous n'en soyez point émuë.

Vous verrez sa misere nuë;
Il s'est luy-même icy dépeint :
Acoûtumez-vous à la vûë
D'un homme qui souffre & se pleint.

Bien qu'il eût d'extrêmes souffrances,
On voit aller des patiences
Plus loin que la sienne n'alla.

Il souffrit des maux incroyables,
Il s'en plaignit, il en parla;
J'en connois de plus miserables.

Benserade.

Sur les sonnets
d'Vranie et de Iob

Deux Sonnets partagent la Ville,
Deux Sonnets partagent la Cour,
Et semblent vouloir à leur tour
R'allumer la guerre Ciuille.

Le plus sot & le plus habile
En mettent leur aduis au iour,
Et ce qu'on a pour eux d'amour
A plus d'vn échauffe la bile.

Chacun en parle hautement
Suiuant son petit iugement.
Et s'il y faut mesler le nostre,

L'vn est sans doute mieux resué,
Mieux conduit, & mieux acheué,
Mais ie voudrois auoir fait l'autre.

Pierre Corneille.

Pour Mélite

Apres l'œil de Melite il n'eſt rien d'admirable,
Il n'eſt rien de ſolide apres ma loyauté,
Mon feu comme ſon teint ſe rend incomparable,
Et ie ſuis en amour ce qu'elle eſt en beauté.

Quoy que puiſſe à mes ſens offrir la nouueauté,
Mon cœur à tous ſes traits demeure inuulnerable,
Et bien qu'elle ait au ſien la meſme cruauté,
Ma foy pour ſes rigueurs n'en eſt pas moins durable.

C'eſt donc auec raiſon que mon extréme ardeur
Trouue chez cette belle vne extréme froideur,
Et que ſans eſtre aimé ie brûle pour Melite.

Car de ce que les Dieux nous enuoyant au iour,
Donnerent pour nous deux d'amour, & de merite,
Elle a tout le merite, & moy i'ay tout l'amour.

Pierre Corneille.

A la Reine Régente

Que vos soins, grande REINE, enfantent de miracles !
Bruxelles & Madrid en sont tous interdits,
Et si nostre Apollon me les auoit predits,
J'aurois moy-mesme osé douter de ses oracles.

Sous vos commandemens on force tous obstacles,
On porte l'épouuante aux cœurs les plus hardis,
Et par des coups d'essay vos Estats agrandis
Des drapeaux ennemis font d'illustres spectacles.

La Victoire elle-mesme accourant à mon Roy,
Et mettant à ses pieds Thionuille & Rocroy,
Fait retentir ces vers sur les bords de la Seine :

France, atten tout d'vn regne ouuert en triomphant,
Puis que tu vois desia les ordres de la Reyne
Faire vn foudre en tes mains des armes d'vn Enfant.

Pierre Corneille.

Sur la Mort
de Damoiselle Elizabeth Ranquet

Ne verse point de pleurs sur cette sepulture,
Passant, ce lit funebre est vn lit precieux,
Où gist d'vn corps tout pur la cendre toute pure,
Mais le zele du cœur vit encore en ces lieux.

Auant que de payer les droits à la Nature,
Son ame s'esleuant au dessus de ses yeux
Auoit au Createur vny la creature,
Et marchant sur la terre elle estoit dans les Cieux.

Les pauures bien mieux qu'elle ont senty sa richesse;
L'humilité, la peine estoit son allegresse,
Et son dernier soupir fut vn soupir d'amour.

Passant, qu'à son exemple vn beau feu te transporte,
Et loin de la pleurer d'auoir perdu le iour,
Croy qu'on ne meurt iamais quand on meurt de la sorte.

Pierre Corneille.

Sur la mort du Roy Louis XIII

Sous ce marbre repose un monarque sans vice
Dont la seulle bonté depleut aux bons François,
Et qui pour tout peché ne fit qu'un mauuais chois
Dont il fut trop longtemps innocemment complice.

L'ambition, l'orgueil, l'audace, l'auarice,
Saisis de son pouuoir, nous donnerent des lois,
Et bien qu'il fust en foy le plus juste des Rois
Son regne fut pourtant celuy de l'Injustice.

Vainqueur de toutes parts, esclaue dans sa cour,
Son tiran & le nostre à peine perd le jour
Que jusque dans la tombe il le force à le suiure.

Jamais de tels malheurs furent-ils entendus ?
Apres trentetrois ans sur le trosne perdus,
Commençant à regner, il a cessé de viure.

Pierre Corneille.

Sur la Paſſion de Jeſus-Chriſt

Quand le Sauveur ſouffroit pour tout le genre humain,
La mort en l'abordant au fort de ſon ſupplice,
Parut toute interdite, & retira ſa main,
N'oſant deſſus ſon Maiſtre exercer ſon office.

Mais Jeſus en baiſſant la teſte ſur ſon ſein,
Fit ſigne à l'implacable & ſourde executrice,
De n'avoir point d'egard au droit du Souverain,
Et d'exercer ſur lui ſon fameux ſacrifice.

La cruelle obeït, & ce coup ſans pareil
Fit fremir la Nature, & pâlir le Soleil,
Comme ſi de ſa fin le Monde eût eſté proche.

Tout pâlit, tout ſe meut, dans la terre & dans l'air,
Excepté le pecheur qui prit un cœur de roche,
Quand la roche ſembloit avoir un cœur de chair.

Le comte de Modène.

A Monsieur de la Mothe le Vayer,

sur la mort de Monsieur son fils.

Aux larmes, le Vayer, laisse les ieux ouuerts,
Ton deüil est raisonnable encor qu'il soit extrême,
Et lors que pour tousiours on perd ce que tu perds
La sagesse, croy moy, peut pleurer elle-mesme.

On se propose à tort cent preceptes divers
Pour vouloir d'vn œil sec voir mourir ce qu'on ayme
L'effort en est barbare aux yeux de l'Univers,
Et c'est brutalité plus que vertu suprême.

On sçait bien que les pleurs ne rameneront pas
Ce cher fils que t'enleue un impréveu trépas,
Mais la perte par là n'en est pas moins cruelle :

Ses vertus d'un chacun le faisoient reverer,
Il avoit le cœur grand, l'esprit beau, l'ame belle,
Et ce sont des sujets à tousiours le pleurer.

Molière.

Sonnet

GRAND DIEU, tes jugemens sont remplis d'équité :
Toujours tu prens plaisir à nous être propice ;
Mais j'ai tant fait de mal, que jamais ta bonté
Ne me peut pardonner sans choquer ta justice.

Oui, mon Dieu, la grandeur de mon impiété
Ne laisse à ton pouvoir que le choix du supplice :
Ton intérêt s'oppose à ma félicité,
Et ta clémence même attend que je périsse.

Contente ton desir puisqu'il t'est glorieux :
Offense-toi des pleurs qui coulent de mes yeux ;
Tonne, frappe, il est temps ; rens-moi guerre pour guerre.

J'adore, en périssant, la raison qui t'aigrit :
Mais dessus quel endroit tombera ton tonnerre,
Qui ne soit tout couvert du Sang de JESUS-CHRIST ?

DES BARREAUX.

Sonnet

Vn amas confus de maifons,
Des crottes dans toutes les ruës,
Ponts, Eglifes, Palais, Prifons,
Boutiques bien ou mal pourueuës;

Force gens noirs, blancs, roux, grifons,
Des Prudes, des filles perduës,
Des meurtres & des trahifons,
Des gens de plume aux mains crochuës;

Maint poudré qui n'a point d'argent,
Maint homme qui craint le Sergent,
Maint Fanfaron qui toûjours tremble;

Pages, Laquais, Voleurs de nuict,
Caroffes, cheuaux, & grand bruit:
C'eft-là Paris; que vous en femble?

Paul Scarron.

Pour Mademoiselle C.

Séve, qui peins l'objet dont mon cœur suit la loy,
Son pouvoir sans ton art assez loin peut s'estendre;
Laisse en paix l'Univers, ne luy va point apprendre
Ce qu'il faut ignorer si l'on veut estre à soy.

Aussi bien manque-t-il icy je ne sçais quoy
Que tu ne peus tracer, ny moy le faire entendre;
J'en conserve les traits qui n'ont rien que de tendre;
Amour les a formez, plus grand peintre que toy.

Par d'inutiles soins pour moy tu te surpasses;
Clarice est en mon ame avec toutes ses graces;
Je m'en fais des Tableaux où tu n'as point de part :

Pour me faire sans cesse adorer cette Belle,
Il n'estoit pas besoin des efforts de ton art,
Mon cœur sans ce Portrait se souvient assez d'elle.

Jean de La Fontaine.

Sur la mort d'une Parente

Parmi les doux tranſports d'une amitié fidele,
Je voïois prés d'Iris couler mes heureux jours;
Iris que j'aime encore, & que j'aimai toujours,
Brûloit des meſmes feux dont je brûlois pour elle,

Quand par l'ordre du Ciel une fievre cruelle
M'enleva cet objet de mes tendres amours,
Et de tous mes plaiſirs interrompant le cours,
Me laiſſa de regrets une ſuite éternelle.

Ah, qu'un ſi rude coup étonna mes eſprits!
Que je verſai de pleurs! Que je pouſſai de cris!
De combien de douleurs ma douleur fut ſuivie!

Iris, tu fus alors moins à plaindre que moi;
Et bien qu'un triſte ſort t'ait fait perdre la vie,
Helas! en te perdant, j'ay perdu plus que toi.

Nicolas Boileau Deſpréaux.

Sonnet

Dans un fauteüil doré, Phedre tremblante & blême
Dit des Vers où d'abord personne n'entend rien;
Sa Nourrice lui fait un sermon fort chrétien,
Contre l'affreux dessein d'attenter à soi-même;

Hypolyte la hait presque autant qu'elle l'aime,
Rien ne change son cœur, ni son chaste maintien;
La Nourrice l'accuse, elle s'en punit bien;
Théfée a pour son fils une rigueur extrême;

Une grosse Aricie, au cuir rouge, aux crins blons,
N'est-là que pour montrer deux énormes tetons,
Que malgré sa froideur Hypolyte idolâtre.

Il meurt enfin traîné par ses coursiers ingrats;
Et Phedre, après avoir pris de la mort aux rats,
Vient en se confessant mourir sur le Théatre.

Madame Deshoulières.

Sur la Tragédie de Genséric

La jeune Eudoxe eſt une bonne enfant,
La vieille Eudoxe une franche diableſſe,
Et Genſeric un Roi fourbe & méchant,
Digne Heros d'une méchante Piéce.

Pour Traſimond, c'eſt un pauvre innocent,
Et Sophronie envain pour lui s'empreſſe,
Hunneric eſt un homme indiferent,
Qui comm' on veut & la prend & la laiſſe.

Et ſur le tout le ſujet eſt traité,
Dieu ſçait comment! Auteur de qualité,
Vous vous cachez, en donnant cét ouvrage.

C'eſt fort bien fait de ſe cacher ainſi :
Mais pour agir en perſonne bien ſage,
Il nous faloit cacher la Piéce auſſi.

Jean Racine.

Sur la mort de M. Duché

Celui que nous plaignons, & qu'un sort glorieux
Place au rang des Elus dans la Cité céleste,
Brilla par ses talents, fut doux, simple, modeste,
Fidele à ses amis, discret, oficieux.

Des charmes dont le monde avoit séduit ses yeux
Dieu dissipa bientôt l'illusion funeste,
Et de ses jeunes ans il consacra le reste
A chanter les grandeurs du Monarque des Cieux.

Il n'est plus, & j'ai vû passer sa derniere heure;
Mais en pleurant sa mort, c'est moi seul que je pleure,
Mon aveugle fureur n'accuse point le sort.

Il joüit des seuls biens qui faisoient son envie,
Et ne pouvoit trouver qu'en passant par la mort
Le port tranquille & sûr de l'éternelle vie.

Jean-Baptiste Rousseau.

A M. le Comte Algarotti

On a vanté vos murs bâtis sur l'onde,
Et votre ouvrage est plus durable qu'eux.
Venise & lui semblent faits pour les dieux;
Mais le dernier sera plus cher au monde.

Qu'admirons-nous dans ce dieu merveilleux
Qui, dans sa course éternelle & féconde,
Embrasse tout, & traverse à nos yeux
Des vastes airs la campagne profonde?

L'invoquons-nous pour avoir sur les mers
Bâti ces murs que la cendre a couverts,
Cet Ilion caché dans la poussière?

Ainsi que vous il est le dieu des vers,
Ainsi que vous il répand la lumière:
Voilà l'objet des vœux de l'univers.

Voltaire.

Après la mort de Laure

La vie avance & fuit sans ralentir le pas,
Et la mort vient derrière, à si grandes journées
Que les heures de paix qui me furent données
Me paraissent un rêve & comme n'étant pas!

Je m'en vais mesurant d'un sévère compas
Mon sinistre avenir, & vois mes destinées
De tant de maux divers encore environnées,
Que je veux me donner de moi-même au trépas!

Si mon malheureux cœur eut jadis quelque joie,
Triste, je m'en souviens; & puis, tremblante proie,
Devant je vois la mer qui va me recevoir!

Je vois ma nef sans mât, sans antenne & sans voiles,
Mon nocher fatigué, le ciel livide & noir,
Et les beaux yeux éteints, qui me servaient d'étoiles.

Antoni Deschamps.

Ave, dea, moriturus te salutat!

La mort & la beauté font deux choses profondes
Qui contiennent tant d'ombre & d'azur, qu'on dirait
Deux sœurs, également terribles & fécondes,
Ayant la même énigme & le même secret.

O femmes, voix, regards, cheveux noirs, tresses blondes,
Vivez, je meurs ! Ayez l'éclat, l'amour, l'attrait,
O perles que la mer mêle à ses grandes ondes,
O lumineux oiseaux de la sombre forêt !

Judith, nos deux destins sont plus près l'un de l'autre
Qu'on ne croirait, à voir mon visage & le vôtre :
Tout le divin abîme apparaît dans vos yeux,

Et moi, je sens le gouffre étoilé dans mon âme ;
Nous sommes tous les deux voisins du ciel, madame,
Puisque vous êtes belle & puisque je suis vieux.

Victor Hugo.

Imité de Wordsworth

Ne ris point des sonnets, ô Critique moqueur!
Par amour autrefois en fit le grand Shakspeare;
C'est sur ce luth heureux que Pétrarque soupire,
Et que le Tasse aux fers soulage un peu son cœur;

Camoens de son exil abrège la longueur,
Car il chante en sonnets l'amour & son empire;
Dante aime cette fleur de myrte, & la respire,
Et la mêle au cyprès qui ceint son front vainqueur;

Spencer, s'en revenant de l'île des féeries,
Exhale en longs sonnets ses tristesses chéries;
Milton, chantant les siens, ranimait son regard:

Moi, je veux rajeunir le doux sonnet en France;
Du Bellay, le premier, l'apporta de Florence,
Et l'on en fait plus d'un de notre vieux Ronsard.

Sainte-Beuve.

Sonnet

J'étais un arbre en fleur où chantait ma Jeunesse,
Jeunesse, oiseau charmant, mais trop vite envolé ;
Et même, avant de fuir du bel arbre effeuillé,
Il avait tant chanté qu'il se plaignait sans cesse.

Mais sa plainte était douce, & telle en sa tristesse
Qu'à défaut de témoins & de groupe assemblé,
Le buisson attentif avec l'écho troublé
Et le cœur du vieux chêne en pleuraient de tendresse.

Tout se tait, tout est mort ! L'arbre, veuf de chansons,
Étend ses rameaux nus sous les mornes saisons ;
Quelque craquement sourd s'entend par intervalle :

Debout, il se dévore, il se ride, il attend,
Jusqu'à l'heure où viendra la Corneille fatale
Pour le suprême hiver chanter le dernier chant.

Sainte-Beuve.

Sonnet

Que vient-elle me dire, aux plus tendres inſtants,
En réponſe aux ſoupirs d'une âme conſumée,
Que vient-elle conter, ma folle Bien-Aimée,
De charmes défleuris, de ravages du temps,

De bandeaux de cheveux déjà moins éclatants ?
Qu'a-t-elle à me montrer ſur ſa tête embaumée,
Comme un peu de jaſmin dans l'épaiſſe ramée,
Quelques rares endroits pâlis dès le printemps ?

Qu'a-t-elle ? dites-moi ! fut-on jamais plus belle ?
Le déſir la revêt d'une flamme nouvelle,
Sa taille eſt de quinze ans, ſes yeux gagnent aux pleurs ;

Et, pour mieux couronner ma jeune Fiancée,
Amour qui fait tout bien, docile à ma penſée,
Mêle à ſes noirs cheveux quelque neige de fleurs.

Sainte-Beuve.

Michel-Ange

Que ton visage est triste & ton front amaigri,
Sublime Michel-Ange, ô vieux tailleur de pierre!
Nulle larme jamais n'a mouillé ta paupière;
Comme Dante, on dirait que tu n'as jamais ri.

Hélas! d'un lait trop fort la Muse t'a nourri,
L'art fut ton seul amour & prit ta vie entière;
Soixante ans tu courus une triple carrière
Sans reposer ton cœur sur un cœur attendri.

Pauvre Buonarotti! ton seul bonheur au monde
Fut d'imprimer au marbre une grandeur profonde,
Et, puissant comme Dieu, d'effrayer comme lui:

Aussi, quand tu parvins à ta saison dernière,
Vieux lion fatigué, sous ta blanche crinière,
Tu mourus longuement plein de gloire & d'ennui.

Auguste Barbier.

Mazaccio

Ah! s'il est ici-bas un aspect douloureux,
Un tableau déchirant pour un cœur magnanime,
C'est ce peuple divin que le chagrin décime,
C'est le pâle troupeau des talents malheureux ;

O Mazaccio ! c'est toi, jeune homme aux longs cheveux,
De la bonne Florence enfant cher & sublime ;
Peintre des premiers temps, c'est ton air de victime,
Et ta bouche entr'ouverte & tes sombres yeux bleus...

Hélas ! la mort te prit les deux mains sur la toile :
Et du beau ciel de l'art jeune & brillante étoile,
Astre si haut monté, mais si vite abattu,

Le souffle du poison ternit ta belle flamme,
Comme si, tôt ou tard, pour dévorer ton âme,
Le venin du génie eût été sans vertu.

Auguste Barbier.

Le Corrège

Nourrice d'Allegri, Parme, cité chrétienne,
Sois fière de l'enfant que tes bras ont porté
J'ai vu d'un œil d'amour la belle antiquité,
Rome en toute sa pompe & sa grandeur païenne;

J'ai vu Pompéi morte, & comme une Athénienne,
La pourpre encor flottant sur son lit déserté;
J'ai vu le dieu du jour rayonnant de beauté
Et tout humide encor de l'onde ionienne;

J'ai vu les plus beaux corps que l'art ait revêtus :
Mais rien n'est comparable aux timides vertus,
A la pudeur marchant sous sa robe de neige;

Rien ne vaut cette rose à la fraîche couleur
Qui secoua sa tige & sa divine odeur
Sur le front de ton fils, le suave Corrège.

Auguste Barbier.

Sonnet

Pétrarque, au doux sonnet je fus longtemps rebelle;
Mais toi, divin Toscan, chaste & voluptueux,
Tu choisis, évitant tout rhythme impétueux,
Pour ta belle pensée une forme humble & belle.

Ton poëme aujourd'hui par des charmes m'appelle :
Vase étroit mais bien clos, coffret, plaisir des yeux,
D'où s'exhale un parfum subtil, mystérieux,
Que Laure respirait, le soir, dans la chapelle ;

Aux souplesses de l'art la grâce se plaisait.
Maitre, tu souriras si ma muse rurale
Et libre a fait ployer la forme magistrale ;

Puis, sur le tour léger de l'Étrusque, naissait,
Docile à varier la forme antique & sainte,
L'urne pour les parfums, ou le miel, ou l'absinthe.

Auguste Brizeux.

Vers dorés

Homme, libre penseur ! te crois-tu seul pensant
Dans ce monde où la vie éclate en toute chose ?
Des forces que tu tiens ta liberté dispose,
Mais de tous tes conseils l'univers est absent.

Respecte dans la bête un esprit agissant ;
Chaque fleur est une âme à la Nature éclose ;
Un mystère d'amour dans le métal repose ;
« Tout est sensible ! » Et tout sur ton être est puissant.

Crains, dans le mur aveugle, un regard qui t'épie :
A la matière même un verbe est attaché...
Ne la fais pas servir à quelque usage impie !

Souvent dans l'être obscur habite un Dieu caché ;
Et comme un œil naissant couvert par ses paupières,
Un pur esprit s'accroit sous l'écorce des pierres !

Gérard de Nerval.

Sonnet

Béatrix Donato fut le doux nom de celle
Dont la forme terrestre eut ce divin contour.
Dans sa blanche poitrine était un cœur fidèle,
Et dans son corps sans tache un esprit sans détour.

Le fils du Titien, pour la rendre immortelle,
Fit ce portrait, témoin d'un mutuel amour ;
Puis il cessa de peindre à compter de ce jour,
Ne voulant de sa main illustrer d'autre qu'elle.

Passant, qui que tu sois, si ton cœur sait aimer,
Regarde ma maitresse avant de me blâmer,
Et dis si, par hasard, la tienne est aussi belle.

Vois donc combien c'est peu que la gloire ici-bas,
Puisque, tout beau qu'il est, ce portrait ne vaut pas
(Crois-moi sur ma parole) un baiser du modèle.

Alfred de Musset.

Tristesse

J'ai perdu ma force & ma vie,
Et mes amis & ma gaîté ;
J'ai perdu jusqu'à la fierté
Qui faisait croire à mon génie.

Quand j'ai connu la Vérité,
J'ai cru que c'était une amie ;
Quand je l'ai comprise & sentie,
J'en étais déjà dégoûté :

Et pourtant elle est éternelle,
Et ceux qui se sont passés d'elle
Ici-bas ont tout ignoré.

Dieu parle, il faut qu'on lui réponde.
Le seul bien qui me reste au monde
Est d'avoir quelquefois pleuré.

Alfred de Musset.

A M. Régnier,
de la Comédie-Française,
après la mort de sa fille.

Quel est donc ce chagrin auquel je m'intéresse ?
Nous nous étions connus par l'esprit seulement ;
Nous n'avions fait que rire, & causé qu'un moment,
Quand sa vivacité coudoya ma paresse.

Puis j'allais par hasard au théâtre, en fumant,
Lorsque du maître à tous la vieille hardiesse,
De sa verve caustique aiguisant la finesse,
En Pancrace ou Scapin le transformait gaiment.

Pourquoi donc, de quel droit, le connaissant à peine,
Est-ce que je m'arrête & ne puis faire un pas,
Apprenant que sa fille est morte dans ses bras ?

Je ne sais. — Dieu le sait ! Dans la pauvre âme humaine,
La meilleure pensée est toujours incertaine,
Mais une larme coule & ne se trompe pas.

Alfred de Musset.

Sonnet imité de l'italien

Mon âme a son secret, ma vie a son mystère :
Un amour éternel en un moment conçu.
Le mal est sans espoir, aussi j'ai dû le taire,
Et celle qui l'a fait n'en a jamais rien su.

Hélas ! j'aurai passé près d'elle inaperçu,
Toujours à ses côtés, & pourtant solitaire,
Et j'aurai jusqu'au bout fait mon temps sur la terre,
N'osant rien demander & n'ayant rien reçu.

Pour elle, quoique Dieu l'ai faite douce & tendre,
Elle ira son chemin, distraite, & sans entendre
Ce murmure d'amour élevé sur ses pas;

A l'austère devoir pieusement fidèle,
Elle dira, lisant ces vers tout remplis d'elle :
« Quelle est donc cette femme ? » & ne comprendra pas.

Félix Arvers.

Sonnet

Pour veiner de son front la pâleur délicate,
Le Japon a donné son plus limpide azur;
La blanche porcelaine est d'un blanc bien moins pur
Que son col transparent & ses tempes d'agate;

Dans sa prunelle humide un doux rayon éclate;
Le chant du rossignol près de sa voix est dur,
Et, quand elle se lève à notre ciel obscur,
On dirait de la lune en sa robe d'ouate;

Ses yeux d'argent bruni roulent moelleusement;
Le caprice a taillé son petit nez charmant;
Sa bouche a des rougeurs de pêche & de framboise;

Ses mouvements sont pleins d'une grâce chinoise,
Et près d'elle on respire autour de sa beauté
Quelque chose de doux comme l'odeur du thé.

Théophile Gautier.

Versailles

Versailles, tu n'es plus qu'un spectre de cité ;
Comme Venise au fond de son Adriatique,
Tu traines lentement ton corps paralytique,
Chancelant sous le poids de ton manteau sculpté.

Quel appauvrissement ! quelle caducité !
Tu n'es que surannée, & tu n'es pas antique,
Et nulle herbe pieuse au long de ton portique
Ne grimpe pour voiler ta pâle nudité.

Comme une délaissée, à l'écart, sous ton arbre,
Sur ton sein douloureux croisant tes bras de marbre,
Tu guettes le retour de ton royal amant.

Le rival du soleil dort sous son monument ;
Les eaux de tes jardins à jamais se sont tues,
Et tu n'auras bientôt qu'un peuple de statues.

Théophile Gautier.

La Caravane

La caravane humaine au fahara du monde,
Par ce chemin des ans qui n'a pas de retour,
S'en va traînant le pied, brûlée aux feux du jour,
Et buvant fur fes bras la fueur qui l'inonde.

Le grand lion rugit & la tempête gronde;
A l'horizon fuyard, ni minaret, ni tour;
La feule ombre qu'on ait, c'eft l'ombre du vautour,
Qui traverfe le ciel, cherchant fa proie immonde.

L'on avance toujours, & voici que l'on voit
Quelque chofe de vert que l'on fe montre au doigt :
C'eft un bois de cyprès, femé de blanches pierres.

Dieu, pour vous repofer, dans le défert du temps,
Comme des oafis, a mis les cimetières :
Couchez-vous & dormez, voyageurs haletants.

Théophile Gautier.

L'Impaffible

La Satiété dort au fond de vos grands yeux;
En eux, plus de défirs, plus d'amour, plus d'envie;
Ils ont bu la lumière, ils ont tari la vie,
Comme une mer profonde où s'abforbent les cieux.

Sous leur bleu fombre on lit le vafte ennui des Dieux,
Pour qui toute chimère eft d'avance affouvie,
Et qui, fachant l'effet dont la caufe eft fuivie,
Mélangent au préfent l'avenir déjà vieux.

L'infini s'eft fondu dans vos larges prunelles,
Et devant ce miroir qui ne réfléchit rien
L'Amour découragé s'affoit, fermant fes ailes.

Vous, cependant, avec un calme olympien,
Comme la Mnémofyne à fon focle accoudée,
Vous pourfuivez, rêveufe, une impoffible idée.

Théophile Gautier.

Au bord du puits

Le puits profond était poli comme un miroir ;
Le ciel s'y réflétait tout bleu, pur de nuages,
Formant d'azur & d'or un nimbe aux frais visages
Des amoureux penchés & ravis de s'y voir.

Sur le riant cristal encadré d'un mur noir
Se jouaient leurs yeux vifs en mille badinages ;
Lancés du bout des doigts, entre ces deux images
Les baisers voltigeaient dans le sombre couloir.

Voici qu'aux doux signaux & qu'à l'œillade folle
La source en bouillonnant vient couper la parole :
Du flot qui les traduit le sourire est moins clair...

Mais pour mieux se parler dans ces brèves tempêtes,
Mêlant leurs cheveux blonds, ils rapprochaient leurs têtes,
Et les baisers cessaient de se perdre dans l'air.

Victor de Laprade.

Lettre à une éplorée

Cachez vos pleurs, madame, & votre épaule,
Si vous voulez — mais là, sincèrement, —
Que le bon Dieu calme votre tourment ;
Ne chantez plus la romance du Saule.

C'est la coutume aux dames de la Gaule
D'avoir le cœur en plein déchirement
Et de rogner trop sur le vêtement :
Leur deuil n'est triste, hélas ! que de son rôle.

Donc, il faudrait qu'un ange vint des cieux
Pour étancher les pleurs de vos beaux yeux,
Et vous brillez un peu plus qu'une étoile...

Dame, Dieu fit les anges, s'il vous plaît,
Pour admirer la beauté qui se voile
Et consoler la douleur qui se tait.

Louis Veuillot.

Le Sonnet

« Je n'entrerai pas là, — dit la folle en riant, —
Je vais faire éclater ce corset de Procuste ! »
Puis elle enfle son sein, tord sa hanche robuste,
Et prête à contre-sens un bras luxuriant.

J'aime ces doux combats, & je suis patient.
Dans l'étroit vêtement qu'à sa taille j'ajuste,
Là serrant un atour, ici le déliant,
J'ai fait passer enfin tête, épaules & buste.

Avec art maintenant dessinons sous ces plis
La forme bondissante & les contours polis.
Voyez ! la robe flotte, & la beauté s'accuse.

Est-elle bien ou mal en ces simples dehors ?
Rien de moins dans le cœur, rien de plus sur le corps,
Ainsi me plaît la femme, ainsi je veux la Muse.

Joséphin Soulary.

Rêves ambitieux

Si j'avais un arpent de sol, mont, val ou plaine,
Avec un filet d'eau, torrent, source ou ruisseau,
J'y planterais un arbre, olivier, saule ou frêne,
J'y bâtirais un toit, chaume, tuile ou roseau.

Sur mon arbre, un doux nid, gramen, duvet ou laine,
Retiendrait un chanteur, pinson, merle ou moineau ;
Sous mon toit, un doux lit, hamac, natte ou berceau,
Retiendrait une enfant, blonde, brune ou châtaine.

Je ne veux qu'un arpent ; pour le mesurer mieux,
Je dirais à l'enfant la plus belle à mes yeux :
« Tiens-toi debout devant le soleil qui se lève ;

« Aussi loin que ton ombre ira sur le gazon,
Aussi loin je m'en vais tracer mon horizon. »
— Tout bonheur que la main n'atteint pas n'est qu'un rêve.

Joséphin Soulary.

L'Ancolie

Mon cœur est enterré sous ce grand noisetier.
— C'était un soir d'hiver ; il gelait sur la plaine.
Ma chérie, au retour d'une course lointaine,
Se frayait dans la neige un douloureux sentier.

Le sommeil la prit là. Succombant à la peine,
Elle croisa ses mains sur son cœur, pour prier.
On la trouva couchée au pied du coudrier ;
Mais la mort avait bu, d'un trait, sa douce haleine.

Le printemps est venu. L'arbre a son habit vert,
Une fauvette a fait son nid sous le couvert,
Et, juste où fut le corps, s'élève une ancolie.

Je voudrais la cueillir ; mais je n'ose, j'ai peur
Que l'âme de l'enfant, palpitante en la fleur,
De nouveau ne s'exhale avec mélancolie.

Joséphin Soulary.

Les deux cortèges

Deux cortèges se sont rencontrés à l'église.
L'un est morne : — il conduit le cercueil d'un enfant ;
Une femme le suit, presque folle, étouffant
Dans sa poitrine en feu le sanglot qui la brise.

L'autre, c'est un baptême : — au bras qui le défend
Un nourrisson gazouille une note indécise ;
Sa mère, lui tendant le doux sein qu'il épuise,
L'embrasse tout entier d'un regard triomphant !

On baptise, on absout, & le temple se vide.
Les deux femmes, alors, se croisant sous l'abside,
Échangent un coup d'œil aussitôt détourné ;

Et — merveilleux retour qu'inspire la prière —
La jeune mère pleure en regardant la bière,
La femme qui pleurait sourit au nouveau-né !

Joséphin Soulary.

Le Sang des Géants

Quand les Géants, tordus sous la foudre qui gronde,
Eurent enfin payé leurs complots hasardeux,
La Terre but le sang qui stagnait autour d'eux
Comme un linceul de pourpre étalé sur le monde.

On dit que, prise alors d'une pitié profonde,
Elle cria : « Vengeance ! » &, pour punir les dieux,
Fit du sable fumant sortir le cep joyeux
D'où l'orgueil indompté coule à flots, comme une onde.

De là cette colère & ces fougueux transports
Dès que l'homme ici-bas goûte à ce sang des morts,
Qui garde, jusqu'à nous, sa rancune éternelle.

O vigne ! ton audace a gonflé nos poumons,
Et sous ton noir ferment de haine originelle
Bout encor le désir d'escalader les monts !

Louis Bouilhet.

Aux Morts

Après l'apothéose, après les gémonies,
Pour le vorace oubli marqués du même sceau,
Multitudes sans voix, vains noms, races finies,
Feuilles du noble chêne ou de l'humble arbrisseau,

Vous dont nul n'a connu les mornes agonies,
Vous qui brûliez d'un feu sacré dès le berceau,
Lâches, saints & héros, brutes, mâles génies,
Ajoutés au fumier des siècles par monceau ;

O lugubres troupeaux des morts, je vous envie,
Si, quand l'immense espace est en proie à la vie,
Léguant votre misère à de vils héritiers,

Vous goûtez à jamais, hôtes d'un noir mystère,
L'irrévocable paix inconnue à la terre,
Et si la grande nuit vous garde tout entiers !

Leconte de Lisle.

Le Colibri

Le vert colibri, le roi des collines,
Voyant la rosée & le soleil clair
Luire dans son nid tissé d'herbes fines,
Comme un frais rayon s'échappe dans l'air.

Il se hâte & vole aux sources voisines
Où les bambous font le bruit de la mer,
Où l'açoka rouge, aux odeurs divines,
S'ouvre & porte au cœur un humide éclair.

Vers la fleur dorée il descend, se pose,
Et boit tant d'amour dans la coupe rose,
Qu'il meurt, ne sachant s'il l'a pu tarir !

Sur ta lèvre pure, ô ma bien-aimée,
Telle aussi mon âme eût voulu mourir
Du premier baiser qui l'a parfumée.

Leconte de Lisle.

La Mort du Soleil

Le vent d'automne, aux bruits lointains des mers pareil,
Plein d'adieux solennels, de plaintes inconnues,
Balance tristement le long des avenues
Les lourds massifs rougis de ton sang, ô soleil !

La feuille en tourbillons s'envole par les nues ;
Et l'on voit osciller, dans un fleuve vermeil,
Aux approches du soir inclinés au sommeil,
De grands nids teints de pourpre au bout des branches nues.

Tombe, Astre glorieux, source & flambeau du jour !
Ta gloire en nappes d'or coule de ta blessure,
Comme d'un sein puissant tombe un suprême amour.

Meurs donc, tu renaitras ! L'espérance en est sûre.
Mais qui rendra la vie & la flamme & la voix
Au cœur qui s'est brisé pour la dernière fois ?

Leconte de Lisle.

Le Parfum impérissable

Quand la fleur du soleil, la rose de Lahor,
De son âme odorante a rempli goutte à goutte
La fiole d'argile ou de cristal ou d'or,
Sur le sable qui brûle on peut l'épandre toute.

Les fleuves & la mer inonderaient en vain
Ce sanctuaire étroit qui la tint enfermée :
Il garde en se brisant son arome divin,
Et sa poussière heureuse en reste parfumée.

Puisque par la blessure ouverte de mon cœur
Tu t'écoules de même, ô céleste liqueur,
Inexprimable amour, qui m'enflammais pour elle !

Qu'il lui soit pardonné, que mon mal soit béni !
Par delà l'heure humaine & le temps infini
Mon cœur est embaumé d'une odeur immortelle.

Leconte de Lisle.

Recueillement

Sois sage, ô ma Douleur, & tiens-toi plus tranquille.
Tu réclamais le Soir ; il descend ; le voici :
Une atmosphère obscure enveloppe la ville,
Aux uns portant la paix, aux autres le souci.

Pendant que des mortels la multitude vile,
Sous le fouet du Plaisir, ce bourreau sans merci,
Va cueillir des remords dans la fête servile,
Ma Douleur, donne-moi la main ; viens par ici,

Loin d'eux. Vois se pencher les défuntes Années
Sur les balcons du ciel, en robes surannées ;
Surgir du fond des eaux le Regret souriant ;

Le Soleil moribond s'endormir sous une arche ;
Et, comme un long linceul trainant à l'Orient,
Entends, ma chère, entends la douce Nuit qui marche.

Charles Baudelaire.

Sonnet

Je te donne ces vers afin que si mon nom
Aborde heureusement aux époques lointaines
Et fait rêver un soir les cervelles humaines,
Vaisseau favorisé par un grand aquilon,

Ta mémoire, pareille aux fables incertaines,
Fatigue le lecteur ainsi qu'un tympanon,
Et par un fraternel & mystique chainon
Reste comme pendue à mes rimes hautaines,

Être maudit, à qui, de l'abime profond
Jusqu'au plus haut du ciel, rien, hors moi, ne répond !
— O toi qui, comme une ombre à la trace éphémère,

Foules d'un pied léger & d'un regard serein
Les stupides mortels qui t'ont jugée amère,
Statue aux yeux de jais, grand ange au front d'airain !

Charles Baudelaire.

La Mort des Amants

Nous aurons des lits pleins d'odeurs légères,
Des divans profonds comme des tombeaux,
Et d'étranges fleurs sur des étagères,
Écloses pour nous sous des cieux plus beaux.

Usant à l'envi leurs chaleurs dernières,
Nos deux cœurs seront deux vastes flambeaux,
Qui réfléchiront leurs doubles lumières
Dans nos deux esprits, ces miroirs jumeaux.

Un soir fait de rose & de bleu mystique,
Nous échangerons un éclair unique,
Comme un long sanglot, tout chargé d'adieux;

Et plus tard un Ange, entr'ouvrant les portes,
Viendra ranimer, fidèle & joyeux,
Les miroirs ternis & les flammes mortes.

Charles Baudelaire.

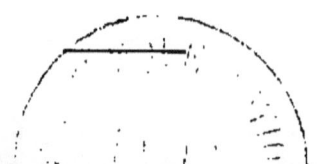

La Nuit

A cette heure où les cœurs, d'amour rassasiés,
Flottent dans le sommeil comme de blanches voiles,
Entends-tu sur les bords de ce lac plein d'étoiles
Chanter les rossignols aux suaves gosiers ?

Sans doute, soulevant les flots extasiés
De tes cheveux touffus & de tes derniers voiles,
Les coussins attiédis, les draps aux fines toiles
Baisent ton sein, fleuri comme un bois de rosiers ?

Vois-tu, du fond de l'ombre où pleurent tes pensées,
Fuir les fantômes blancs des pâles délaissées,
Moins pâles de la mort que de leur désespoir ?

Ou, peut-être, énervée, amoureuse & farouche,
Pieds nus sur le tapis, tu cours à ton miroir,
Et des ruisseaux de pleurs coulent jusqu'à ta bouche.

Théodore de Banville.

Sur une Dame blonde

  Sur la colline,
  Quand la splendeur
  Du ciel en fleur
  Au soir décline,

  L'air illumine
  Ce front rêveur
  D'une lueur
  Triste & divine.

  Dans un bleu ciel,
  O Gabriel!
  Tel tu rayonnes;

  Telles encor
  Sont les madones
  Dans les fonds d'or.

    Théodore de Banville.

Pasiphaé

Ainsi Pasiphaé, la fille du Soleil,
Cachant dans sa poitrine une fureur secrète,
Poursuivait à grands cris parmi les monts de Crète
Un taureau monstrueux au poil roux & vermeil,

Puis, sur un roc géant au Caucase pareil,
Lasse de le chercher de retraite en retraite,
Le trouvait endormi sur quelque noire crête,
Et, les seins palpitants, contemplait son sommeil ;

Ainsi notre âme en feu, qui sous le désir saigne,
Dans son vol haletant de vertige, dédaigne
Les abris verdoyants, les fleuves de cristal,

Et, fuyant du vrai beau la source savoureuse,
Poursuit dans les déserts du sauvage Idéal
Quelque monstre effrayant dont elle est amoureuse.

Théodore de Banville.

La Reine de Saba

La Reine Nicosis, *portant des pierreries,*
A pour parure un calme & merveilleux concert
D'étoffes, où l'éclair d'un flot d'astres se perd
Dans les lacs de lumière & les flammes fleuries.

Son vêtement tremblant chargé d'orfèvreries
Est fait d'un tissu rare & sur la pourpre ouvert,
Où l'or éblouissant, tour à tour rouge & vert,
Sert de fond méprisable aux riches broderies.

Elle a de lourds pendants d'oreilles, copiés
Sur les feux des soleils du ciel, & sur ses pieds
Mille escarboucles font pâlir le jour livide.

Et, fière sous l'éclat vermeil de ses habits,
Sur les genoux du Roi Salomon elle vide
Un vase de saphir d'où tombent des rubis.

Théodore de Banville.

Initiation

Du haut du ciel profond, vers le monde agité,
S'abaissent les regards des âmes éternelles :
Elles sentent monter de la terre vers elles
L'ivresse de la vie & de la volupté;

Les effluves d'en bas leur dessèchent les ailes;
Et, tombant de l'éther & du cercle lacté,
Elles boivent, avec l'oubli du ciel quitté,
Le poison du désir dans les coupes mortelles.

Pourtant, dans leur exil, un reflet du ciel bleu
Les remplit du dégoût des choses passagères.
Mais c'est par la douleur qu'on franchit les sept sphères :

L'initiation, qui fait de l'homme un Dieu,
La mort en tient les clefs; le sacrifice épure,
Et le sang rédempteur lave toute souillure.

Louis Ménard.

Novembre

L'hirondelle est partie, & la bise est venue.
On pressent le retour des froids & longs hivers ;
Et, veuve pour longtemps de ses feuillages verts,
Elle frissonne au vent, la haute forêt nue.

On voit clair jusqu'au bout de la grande avenue,
Le chevreuil inquiet passe vite au travers,
Regrettant la fougère & ses vastes couverts
Où s'abritait si bien sa chevrette ingénue.

Novembre, c'est l'époque où le cerf en amour
Trop souvent se réveille avant le point du jour,
Au bruit lointain d'un cor troublant sa nuit heureuse,

Ignorant de quel droit la meute aux longs abois,
Qui fait hurler en chœur tous les échos des bois,
Interrompt le sommeil de sa belle amoureuse.

André Lemoyne.

Le Berceau

Quel temple pour son fils elle a rêvé neuf mois !
Comme elle fêtera l'enfant dont Dieu dispose !
Il lui faut un berceau tel que les fils des rois
N'en ont point de pareil, si beaux qu'on les suppose !

Fi de l'osier flexible, ou bien du simple bois !
L'artiste a dessiné la forme qu'elle impose :
Elle y veut incruster la nacre au bois de rose ;
Il serait d'or massif, s'il était à son choix !

Rien ne semble trop cher, dentelle ni guipure,
Pour encadrer de blanc cette tête si pure
Dans le lit qu'on apprête à son calme sommeil.

Il est venu, le fils dont elle était si fière !
Il est fait, le berceau, — le berceau sans réveil !
Il est de chêne, hélas ! & ce n'est qu'une bière.

Eugène Manuel.

Au clair de la lune

Sur l'étang bleu que vient rider le vent des soirs
Séléné penche, avec amour, sa face blonde,
Et sa clarté, qui se reflète au ras de l'onde,
Met un point d'or au front mouvant des roseaux noirs.

Déjà la flore a refermé ses encensoirs,
L'oiseau se tait & le sommeil étreint le monde :
Écoute bien, tu n'entendras rien à la ronde
Que palpiter mon cœur gonflé d'ardents espoirs.

Dans une main je tiens ta main mignonne & blanche,
Mon bras te ceint, mon autre main est sur ta hanche,
Je sens ton corps, ton corps charmant, tout contre moi.

Ta lèvre s'ouvre, un mot divin sur elle expire,
Mais ton regard qui laisse voir ton doux émoi,
Avant ta lèvre à mon regard a su le dire.

Claudius Popelin.

Les Ruines

Les vieillards, quand près d'eux, ſemaine par ſemaine,
Le temps a dévaſté, tour à tour, fleurs & fruits,
Les vieillards ont, ainſi que la cité romaine,
Au cœur un forum mort plein de temples détruits;

Silencieux déſert où leur âme promène
Son long ennui ſtérile, où l'ortie & le buis,
Et l'herbe ſolitaire, en l'antique domaine,
Ont étouffé l'orgueil des faſtes & des bruits;

Où des frontons muets la légende effacée
Sous la rouille des ans dérobe ſa penſée.
Plus de chants, les oiſeaux aiment les floraiſons;

Plus de priſme charmeur iriſant les bruines;
Mais de graves ſoleils, de vaſtes horizons,
Éclairant la beauté dernière des ruines.

Jules Breton.

Une vieille fille

La maison qu'elle habite aux portes d'un faubourg,
En province, est muette, oubliée & maussade;
Les grands vents pluvieux ont noirci la façade,
L'ombre emplit les couloirs, l'herbe croit dans la cour.

Avec de vieilles gens elle est là tout le jour,
Dans une chambre close où règne une odeur fade;
Tout le jour elle est là, pâle & déjà malade,
Pauvre fille sans dot, sans beauté, sans amour.

Jadis, quand le printemps fleurissait sa fenêtre,
Elle disait, sentant frissonner tout son être :
« Le bonheur inconnu viendra-t-il aujourd'hui?... »

Les printemps sont passés, vides & lourds d'ennui;
Son œil bleu s'est voilé d'une langueur mortelle;
Elle dit maintenant : « La fin, quand viendra-t-elle?... »

André Theuriet.

Camélias

Mon amour, tu te plains qu'avec le coloris
Dont les camélias décorent leur pétale,
Ils n'offrent nulle odeur à l'amateur surpris
Qui rêvait un parfum d'essence orientale ;

Ayant de leur éclat admiré tout le prix,
Tu n'en gémis que plus de cette loi fatale
Qui sur le rossignol jette un plumage gris
Et qui veut que, plein d'or, le paon rauque s'étale.

Moi, je suis plus heureux. Depuis le soir si doux,
Où, dans l'oubli profond du monde autour de nous,
J'ai respiré ces fleurs à tes cheveux unies,

Elles ont pour mon cœur des douceurs infinies ;
Et, réveillant en moi les souvenirs aimés,
Tous les camélias me semblent parfumés.

Armand Renaud.

Mon âne

Il avait sur l'échine une croix pour blason !
Poussif, galeux, arqué, chauve & la dent pourrie,
Squelette, on le traînait, hélas ! à la voirie ;
Je l'achetai cent sous : il loge en ma maison.

Sa langue avec amour épile ma prairie,
Et son œil réfléchit les arbres, le gazon,
La broussaille & les feux sanglants de l'horizon ;
Sa croupe maintenant n'est plus endolorie.

A mon approche, il a des rires d'ouragans,
Il chante, il danse, il dit des mots extravagants,
Et me tend ses naseaux imprégnés de lavande.

Mon âne, sois tranquille, erre & dors, mange & bois,
Et vis joyeux parmi mes prés, parmi mes bois ;
Va, je te comblerai d'honneurs & de provende !

Léon Cladel.

Attente

Dans le ciel diaphane où l'oiseau s'assoupit,
Quand tourbillonne au soir la poussière des mondes,
La nuit, quand l'Océan traine au loin, sans répit,
Les sanglots obstinés de ses vagues profondes,

Partout où la nature aux aspects inconstants
De ses immensités me tourmente & m'attire,
Devant le bois épais qui brille & qui soupire,
Comme un homme attardé je tressaille & j'attends.

J'attends! Qui donc? Hélas! j'attends, joie & souffrance,
La forme de mon rêve & de mon espérance,
Le Dieu qui peut venir, ses yeux, ses pas, sa voix.

Qu'importe si les jours ont trompé mon attente?
Prenez, jetez vers lui mon âme haletante,
O profondeurs des cieux, de la mer & des bois!

Georges Lafenestre.

Les Incroyables

Fantoches à la mode, automates mondains,
Submergés dans des flots de cravate, lunettes
En arrêt, & pareils à des marionnettes,
Les étranges galants que tous ces muscadins !

Engeance hermaphrodite, à travers les jardins
Ils vont en zézayant d'enfantines sornettes,
Portent chignon de femme & molles cadenettes,
Et brandissent avec fracas d'affreux gourdins.

C'est en habit vert-pomme, en chapeau qui gondole,
En pantalon nankin, qu'auprès de leur idole,
Copistes des marquis, ils font aussi leur cour.

Mais cet accoutrement, dont le seul ministère
Semble d'effaroucher les oiseaux de l'Amour,
Leur prête l'air vainqueur de Jocrisse à Cythère.

Emmanuel des Essarts.

Les Violettes

Une habitude longue & douce lui faisait
Aimer pendant l'hiver les violettes blanches;
A l'agrafe du châle un peu court, sur les hanches
Son doigt fin, sentant bon comme elles, les posait.

Un jour que le soleil piquant & clair grisait
Les moineaux francs criant par terre & dans les branches,
Elle me proposa d'aller tous les dimanches
Cueillir avec l'amour la fleur qui lui plaisait.

A présent, ce bouquet est tout ce que j'ai d'elle;
Mais j'y trouve toujours, pénétrant & fidèle,
Un vivace parfum émané de son cœur.

Tel le verre vidé qu'un souvenir colore:
Le regret du buveur pensif l'embaume encore
Et la lèvre y croit boire un reste de liqueur.

Albert Mérat.

L'Absente

C'est une chambre où tout languit & s'effémine ;
L'or blême & chaud du soir, qu'émousse la persienne,
D'un ton de vieil ivoire ou de guipure ancienne
Apaise l'éclat dur d'un blanc tapis d'hermine.

Plein de la voix mêlée autrefois à la sienne,
Et triste, un clavecin d'ébène que domine
Une coupe où se meurt, tendre, une balsamine,
Pleure les doigts défunts de la musicienne.

Sous des rideaux imbus d'odeurs fades & moites,
De pesants bracelets hors du satin des boîtes
Se répandent le long d'un chevet sans haleine.

Devant la glace, auprès d'une veilleuse éteinte,
Bat le pouls d'une blanche horloge en porcelaine,
Et le clavecin noir gémit quand l'heure tinte.

Catulle Mendès.

Sonnet païen

N'espère pas que tu l'apaises,
Le désir qui brûle mes reins :
Je fuis les bras dont tu m'étreins
Et la bouche dont tu me baises.

Les serpents jetés aux fournaises
Des lourds trépieds pythoniens,
En des tourments pareils aux miens
Se tordaient, vivants, sur les braises.

Je suis comme un cerf aux abois
Qui, par la plaine & par les bois,
Emporte, en bramant, ses blessures.

Tourne vers moi tes yeux ardents :
Ouvre ta lèvre ! à moi tes dents !
Plus de baisers, mais des morsures !

Armand Silvestre.

Sonnet

Souvent, — & j'en frémis, — quand sur ta lèvre infâme
J'ai bu, dans un sanglot, d'amères voluptés,
Alors qu'une détresse immense prend mon âme,
O toi pour qui je meurs, tu dors à mes côtés.

L'ombre épaisse envahit tes sereines beautés
Et, jusque sous tes cils, éteint tes yeux de flamme;
Ton souffle égal & lent fait comme un bruit de rame :
C'est ton rêve qui fuit vers des bords enchantés.

Repose sans remords, ô cruelle maitresse !
Ignore, dans mes bras, les pleurs de ma caresse :
Car tu n'es pas ma sœur, cœur à peine vivant.

Mais, quand la nuit a clos tes paupières meurtries,
Quelle pitié des dieux pour les choses flétries
Te rend, sous mes baisers, le sommeil d'un enfant ?

Armand Silvestre.

La Grande Ourfe

La Grande Ourfe, archipel de l'Océan fans bords,
Scintillait bien avant qu'elle fût regardée,
Bien avant qu'il errât des pâtres en Chaldée
Et que l'âme anxieufe eût habité les corps;

D'innombrables vivants contemplent depuis lors
Sa lointaine lueur aveuglément dardée;
Indifférente aux yeux qui l'auront obfédée,
La Grande Ourfe luira fur le dernier des morts.

Tu n'as pas l'air chrétien, le croyant s'en étonne,
O figure fatale, exacte & monotone,
Pareille à fept clous d'or plantés dans un drap noir;

Ta précife lenteur & ta froide lumière
Déconcertent la foi : c'eft toi qui la première
M'as fait examiner mes prières du foir.

Sully Prudhomme.

Les Danaïdes

Toutes, portant l'amphore, une main sur la hanche,
Théano, Callidie, Amymone, Agavé,
Esclaves d'un labeur sans cesse inachevé,
Courent du puits à l'urne où l'eau vaine s'épanche.

Hélas ! le grès rugueux meurtrit l'épaule blanche,
Et le bras faible est las du fardeau soulevé :
« — Monstre, que nous avons nuit & jour abreuvé,
O gouffre, que nous veut ta soif que rien n'étanche ? »

Elles tombent, le vide épouvante leurs cœurs ;
Mais la plus jeune alors, moins triste que ses sœurs,
Chante, & leur rend la force & la persévérance.

Tels sont l'œuvre & le sort de nos illusions :
Elles tombent toujours, & la jeune Espérance
Leur dit toujours : « Mes sœurs, si nous recommencions ! »

Sully Prudhomme.

L'Art sauveur

S'il n'était rien de bleu que le ciel & la mer,
De blond que les épis, de rose que les roses,
S'il n'était de beauté qu'aux insensibles choses,
Le plaisir d'admirer ne serait point amer.

Mais avec l'océan, la campagne & l'éther,
Des formes d'un attrait douloureux sont écloses :
Le charme des regards, des sourires, des poses,
Mord trop avant dans l'âme, ô femme ! il est trop cher.

Nous t'aimons, & de là les douleurs infinies :
Car Dieu, qui fit la grâce avec des harmonies,
Fit l'amour d'un soupir qui n'est pas mutuel.

Mais je veux, revêtant l'art sacré pour armure,
Voir des lèvres, des yeux, l'or d'une chevelure,
Comme l'épi, la rose, & la mer, & le ciel.

Sully Prudhomme.

La Patrie

Viens ! ne marche pas seul dans un jaloux sentier,
Mais suis les grands chemins que l'humanité foule ;
Les hommes ne sont forts, bons & justes, qu'en foule :
Ils s'achèvent ensemble, aucun d'eux n'est entier.

Malgré toi tous les morts t'ont fait leur héritier ;
La patrie a jeté le plus fier dans son moule,
Et son nom fait toujours monter comme une houle
De la poitrine aux yeux l'enthousiasme altier !

Viens ! il passe au forum un immense zéphire ;
Viens ! l'héroïsme épars dans l'air qu'on y respire
Secoue utilement les moroses langueurs.

Laisse à travers ton luth souffler le vent des âmes,
Et tes vers flotteront comme des oriflammes
Et comme des tambours sonneront dans les cœurs.

Sully Prudhomme.

La Coupe

Dans les verres épais du cabaret brutal
Le vin bleu coule à flots & sans trêve à la ronde;
Dans les calices fins plus rarement abonde
Un vin dont la clarté soit digne du cristal.

Enfin la coupe d'or du haut d'un piédestal
Attend, vide toujours, bien que large & profonde,
Un cru dont la noblesse à la sienne réponde :
On tremble d'en souiller l'ouvrage & le métal.

Plus le vase est grossier de forme & de matière,
Mieux il trouve à combler sa contenance entière;
Aux plus beaux seulement il n'est point de liqueur.

C'est ainsi : plus on vaut, plus fièrement on aime;
Et qui rêve pour soi la pureté suprême
D'aucun terrestre amour ne daigne emplir son cœur.

Sully Prudhomme.

Révolte

*Car les bois ont aussi leurs jours d'ennui hautain,
Et, las de tordre au vent leurs grands bras séculaires,
S'enveloppent alors d'immobiles colères;
Et leur mépris muet insulte leur destin.*

*Ni chevreuils, ni ramiers chanteurs, ni sources claires.
La forêt ne veut plus sourire au vieux matin,
Et, refoulant la vie aux plaines du lointain,
Semble arborer l'orgueil des douleurs sans salaires.*

*— O bois! premiers enfants de la terre, grands bois!
Moi, dont l'âme en votre âme habite & vous contemple,
Je sens les piliers prêts à maudire le temple :*

*Un jour, demain peut-être, arbres aux longs abois!
Quand le banal printemps ramènera nos fêtes,
Tous, vous resterez noirs, des racines aux faîtes!*

Léon Dierx.

Horoscope

Malgré les larmes de ta mère,
Ardent jeune homme, tu le veux,
Ton cœur est neuf, ton bras nerveux,
Viens lutter contre la chimère !

Use ta vie, use tes vœux
Dans l'enthousiasme éphémère,
Bois jusqu'au fond la coupe amère,
Regarde blanchir tes cheveux !

Isolé, combats, souffre, pense !
Le sort te garde en récompense
Le dédain du sot triomphant,

La barbe auguste des apôtres,
Un cœur pur, & des yeux d'enfant
Pour sourire aux enfants des autres.

André Gill.

Dans un bal

Vous dont les regards purs, éclatants de lumière,
Riaient comme une eau bleue aux rayons du matin;
Vous qui glissiez joyeuse en robe de satin,
Blonde, longue, élancée, & si svelte & si fière;

Vous qui brilliez, pareille à l'aube printanière;
Vous qui me rappeliez le fin profil lointain
Et le pâle & lucide albâtre florentin
Des vierges de Fiesole en leur candeur première;

Vous qui m'illuminiez de l'azur de vos yeux,
Et musicale, avec des mots délicieux,
Rajeunissiez mon âme & lui rendiez ses fièvres,

O lueur dans ma nuit, vous ne saurez jamais
Que tout un soir j'ai bu le souffle de vos lèvres,
Et que j'en étais ivre, & que je vous aimais!

Henri Cazalis.

La Sœur novice

Lorsque tout douloureux regret fut mort en elle
Et qu'elle eut bien perdu tout espoir décevant,
Résignée, elle alla chercher dans un couvent
Le calme qui prépare à la vie éternelle.

Le chapelet battant la jupe de flanelle,
Et pâle, elle venait se promener souvent
Dans le jardin sans fleurs, bien abrité du vent,
Avec ses plants de choux & sa vigne en tonnelle.

Pourtant elle cueillit, un jour, dans ce jardin,
Une fleur exhalant un souvenir mondain,
Qui poussait là malgré la sainte obédience ;

Elle la respira longtemps, puis, vers le soir,
Saintement, ayant mis en paix sa conscience,
Mourut, comme s'éteint l'âme d'un encensoir.

François Coppée.

Désespérément

L'immense ennui, ce fils bâtard de la douleur,
En maitre est installé dans mon âme, & l'habite ;
Et moins que la vieillesse affreuse & décrépite,
Cette âme de trente ans a gardé de chaleur.

J'en atteste ces yeux éteints, cette pâleur
Et ce cœur sans amour où plus rien ne palpite ;
Je vois mon avenir, & je m'y précipite
Ainsi qu'en un désert qui n'a pas une fleur.

Pourtant, vers la saison des brises réchauffées,
La jeunesse parfois me revient par bouffées,
J'aspire un air plus pur, je vois un ciel plus beau,

Mais cette illusion ne m'est pas un présage,
Et l'espoir n'est pour moi qu'un oiseau de passage
Qui, pour faire son nid, choisirait un tombeau.

François Coppée.

A un Amant

Amant abandonné qu'une maitresse oublie,
Pourquoi ce poing fermé que tu montres aux cieux?
Pourquoi ce pli profond dans ton front soucieux
Et ce regard où brûle une ardeur de folie?

Pourquoi ce désespoir? Parce qu'elle est jolie,
Parce qu'en caressant son corps délicieux,
En respirant sa bouche, en admirant ses yeux,
Tu trouvais un remède à ta mélancolie!

Tu pâlis en songeant à l'odeur de sa chair;
Son visage est toujours le seul qui te soit cher :
De tout autre, aussitôt blasé, tu te dégoûtes.

Va! tu me fais pitié, triste martyr d'amour.
La vie est un éclair, la beauté dure un jour!
Songe aux têtes de morts qui se ressemblent toutes.

François Coppée.

Ruines du Cœur

Mon cœur était jadis comme un palais romain,
Tout construit de granits choisis, de marbres rares.
Bientôt les passions, comme un flot de barbares,
L'envahirent, la hache ou la torche à la main.

Ce fut une ruine alors. Nul bruit humain.
Vipères & hiboux. Terrains de fleurs avares.
Partout gisaient, brisés, porphyres & carrares ;
Et les ronces avaient effacé le chemin.

Je suis resté longtemps, seul, devant mon désastre.
Des midis sans soleil, des minuits sans un astre,
Passèrent ; & j'ai, là, vécu d'horribles jours.

Mais tu parus enfin, blanche dans la lumière ;
Et bravement, afin de loger nos amours,
Des débris du palais j'ai bâti ma chaumière.

François Coppée.

Pour toujours.

« *Pour toujours!* » *me dis-tu, le front sur mon épaule.*
Cependant nous serons séparés. C'est le sort.
L'un de nous, le premier, sera pris par la mort
Et s'en ira dormir sous l'if ou sous le saule.

Vingt fois, les vieux marins qui flânent sur le môle
Ont vu, tout pavoisé, ce brick rentrer au port;
Puis, un jour, le navire est parti vers le Nord.
Plus rien. Il s'est perdu dans les glaces du Pôle.

Sous mon toit, quand soufflait la brise du printemps,
Les oiseaux migrateurs sont revenus, vingt ans;
Mais, cet été, le nid n'a plus ses hirondelles.

Tu me jures, maîtresse, un éternel amour;
Mais je songe aux départs qui n'ont pas de retour.
Pourquoi le mot « toujours » sur des lèvres mortelles?

François Coppée.

Fuite de Centaures

Ils fuient, ivres de meurtre & de rébellion,
Vers le mont escarpé qui garde leur retraite ;
La peur les précipite, ils sentent la mort prête
Et flairent dans la nuit une odeur de lion.

Ils franchissent, foulant l'hydre & le stellion,
Ravins, torrents, halliers, sans que rien les arrête ;
Et déjà sur le ciel se dresse au loin la crête
De l'Ossa, de l'Olympe ou du noir Pélion.

Parfois, l'un des fuyards de la farouche harde
Se cabre brusquement, se retourne, regarde,
Et rejoint d'un seul bond le fraternel bétail,

Car il a vu la lune éblouissante & pleine
Allonger derrière eux, suprême épouvantail,
La gigantesque horreur de l'ombre Herculéenne.

José-Maria de Heredia.

Sur l'Othrys

L'air fraichit. Le soleil plonge au ciel radieux.
Le bétail ne craint plus le taon ni le bupreste.
Aux pentes de l'Othrys l'ombre est plus longue. Reste,
Reste avec moi, cher hôte envoyé par les Dieux.

Tandis que tu boiras un lait fumant, tes yeux
Contempleront, du seuil de ma cabane agreste,
Des cimes de l'Olympe aux neiges du Thymphreste,
La riche Thessalie & les monts glorieux.

Vois la mer & l'Eubée &, rouge au crépuscule,
Le Callidrome sombre, & l'Œta, dont Hercule
Fit son bûcher suprême & son premier autel;

Et là-bas, à travers la lumineuse gaze,
Le Parnasse où, le soir, las d'un vol immortel,
Se pose, & d'où s'envole, à l'aurore, Pégase!

José-Maria de Heredia.

Villula

Oui, c'est au vieux Gallus qu'appartient l'héritage
Que tu vois au penchant du côteau cisalpin;
La maison tout entière est à l'abri d'un pin
Et le chaume du toit couvre à peine un étage.

Il suffit pour qu'un hôte avec lui le partage;
Il a sa vigne, un four à cuire plus d'un pain
Et dans son potager foisonne le lupin.
C'est peu? Gallus n'a pas désiré davantage.

Son bois donne un fagot ou deux tous les hivers,
Et de l'ombre, l'été, sous les feuillages verts;
A l'automne, on y prend quelque grive au passage.

C'est là que, satisfait de son destin borné,
Gallus finit de vivre où jadis il est né.
Va, tu sais à présent que Gallus est un sage.

José-Maria de Heredia.

Les Conquérants

Comme un vol de gerfauts hors du charnier natal,
Fatigués de porter leurs misères hautaines,
De Palos de Moguer, routiers & capitaines
Partaient, ivres d'un rêve héroïque & brutal.

Ils allaient conquérir le fabuleux métal
Que Cipango mûrit dans ses mines lointaines,
Et les vents alizés inclinaient leurs antennes
Aux bords mystérieux du monde occidental.

Chaque soir, espérant des lendemains épiques,
L'azur phosphorescent de la mer des Tropiques
Enchantait leur sommeil d'un mirage doré ;

Ou, penchés à l'avant des blanches caravelles,
Ils regardaient monter en un ciel ignoré
Du fond de l'Océan des étoiles nouvelles.

José-Maria de Heredia.

Émail

Le four rougit ; la plaque eſt prête. Prends ta lampe.
Modèle le paillon qui s'iriſe ardemment,
Et fixe avec le feu dans le ſombre pigment
La poudre étincelante où ton pinceau ſe trempe.

Dis! ceindras-tu de myrte ou de laurier la tempe
Du penſeur, du héros, du prince, ou de l'amant?
Par quel Dieu feras-tu, ſur un noir firmament,
Cabrer l'hydre écaillée ou le glauque hippocampe?

Non. Plutôt, en un orbe éclatant de ſaphir,
Inſcris un fier profil de guerrière d'Ophir,
Thaleſtris, Bradamante, Aude ou Penthéſilée;

Et, pour que ſa beauté ſoit plus terrible encor,
Caſque ſes blonds cheveux de quelque bête ailée
Et fais bomber ſon ſein ſous la gorgone d'or.

Joſé-Maria de Heredia.

Le Samouraï

D'un doigt distrait frôlant la sonore biva,
A travers les bambous tressés en fine latte,
Elle a vu, par la plage éblouissante & plate,
S'avancer le vainqueur que son amour rêva.

C'est lui. Sabres au flanc, l'éventail haut, il va.
La cordelière rouge & le gland écarlate
Coupent l'armure sombre, & sur l'épaule éclate
Le blason de Hizen ou de Tokungawa.

Ce beau guerrier, vêtu de lames & de plaques,
Sous le bronze, la soie & les brillantes laques,
Semble un crustacé noir, gigantesque & vermeil.

Il l'a vue. Il sourit dans la barbe du masque,
Et son pas plus hâtif fait reluire au soleil
Les deux antennes d'or qui tremblent à son casque.

José-Maria de Heredia.

Le Récif de corail

Le soleil sous la mer, mystérieuse aurore,
Éclaire la forêt des coraux abyssins
Qui mêle, aux profondeurs de ses tièdes bassins,
La bête épanouie & la vivante flore.

Et tout ce que le sel ou l'iode colore,
Mousse, algue chevelue, anémones, oursins,
Couvre de pourpre sombre, en somptueux dessins,
Le fond vermiculé du pâle madrépore.

De sa splendide écaille éteignant les émaux,
Un grand poisson navigue à travers les rameaux ;
Dans l'ombre transparente indolemment il rôde ;

Et, brusquement, d'un coup de sa nageoire en feu,
Il fait, par le cristal morne, immobile & bleu,
Courir un frisson d'or, de nacre & d'émeraude.

José-Maria de Heredia.

Tîma

Bizarre comme un singe, & pareille aux Houris,
Tima riait, Tima croquait une praline;
Son pied émergeait, nu, d'un flot de mousseline,
Sur des carreaux épais, brodés d'or, & fleuris :

Petit pied gras & fin, blanc comme un grain de riz!
Chaque ongle étroit semblait fait d'une cornaline.
Tima berçait son pied d'une façon câline,
Et, riant, grignotait un bonbon de Paris.

Le dur soleil d'Alger brûlait sur les terrasses;
Mais Tima souriait au voyageur roumi.
Heure passée à l'ombre, ô souvenir ami!

Et lorsque, fils-de-chien, de mes lèvres voraces
Je baisai son pied nain, pour la première fois,
Tima rit largement, une dragée aux doigts...

Ernest D'Hervilly.

Jalousie

Ah! toi, l'indifférent, tu souffres à ton tour :
L'angoisse t'a mordu, les peines sont venues,
Tu trembles & tu crains en attendant le jour,
Et la nuit te remplit de terreurs inconnues ;

J'ai vu luire en tes yeux, par un brusque retour,
Des larmes, jusque-là vainement retenues ;
Et toi, qui ris de tout, toi, qui ris de l'amour,
Pour sonder l'avenir tu regardes les nues.

Tout n'est donc pas mensonge en nos maux ici-bas,
Que tu subis aussi, toi, dont le cœur la nie,
De la loi de douleur la sanglante ironie ?

Et tu peux donc aimer, toi, qui ne m'aimes pas ?
Mais quel déchirement qu'une telle pensée,
Dans ma blessure encor quelle épine enfoncée !

Louisa Siefert.

Sonnet de mars

C'eſt un matin de mars qu'elle m'eſt revenue,
Éveillant le jardin d'un bruit de falbalas,
L'enfant toujours cruelle & toujours ingénue
Que je n'ai point aimée & qui ne m'aimait pas.

Le givre s'égouttait aux branches, mais plus bas
La neige ourlait encor les buis de l'avenue;
Et le friſſon d'hiver, ſous leur écorce nue,
Empriſonnait le rire embaumé des lilas.

Un clair rayon parut : — « Bonjour, c'eſt moi ! » dit-elle.
Dans l'air moins froid paſſa comme un cri d'hirondelle,
Je la vis me ſourire & crus avoir ſeize ans.

Et depuis, quelquefois je me ſurprends à dire,
Songeant à ce rayon, ſongeant à ce ſourire ;
« C'était preſque l'Amour & preſque le Printemps! »

Paul Arène.

Rupture

Pars, puisque tu le veux, va-t'en, laisse le deuil
Avec ton souvenir dans la maison muette,
Pars vite, sans adieux & sans tourner la tête :
Des pleurs pourraient ternir l'éclat pur de ton œil.

Marche au but qu'ont marqué la folie & l'orgueil ;
Que rien ne te fléchisse & que rien ne t'arrête !
La porte est large ouverte & la voiture est prête.
Je veux t'accompagner, tranquille, jusqu'au seuil.

Un autre irait, pareil au pauvre qu'on repousse,
Triste & suivant de loin la trace de tes pas :
Tu me verras plus fier... Surtout, n'espère pas

Que jamais contre toi mon regret se courrouce ;
Car seule aux jours amers ta lèvre me fut douce,
Et je n'ai su trouver l'oubli qu'entre tes bras.

Paul Arène.

Mon rêve familier

Je fais souvent ce rêve étrange & pénétrant
D'une femme inconnue, & que j'aime, & qui m'aime,
Et qui n'est, chaque fois, ni tout à fait la même
Ni tout à fait une autre, & m'aime & me comprend.

Car elle me comprend ; & mon cœur, transparent
Pour elle seule, hélas ! cesse d'être un problème
Pour elle seule, & les moiteurs de mon front blême,
Elle seule les sait rafraîchir, en pleurant.

Est-elle brune, blonde, ou rousse ? Je l'ignore.
Son nom ? Je me souviens qu'il est doux & sonore
Comme ceux des aimés que la Vie exila.

Son regard est pareil au regard des statues ;
Et pour sa voix, lointaine, & calme, & grave, elle a
L'inflexion des voix chères qui se sont tues.

Paul Verlaine.

Sur une Signature de Marie Stuart

Cette relique exhale un parfum d'élégie,
Car la reine d'Écosse, aux lèvres de carmin,
Qui récitait Ronsard & le missel romain,
Y mit en la touchant un peu de sa magie.

La reine blonde, avec sa fragile énergie,
Signa MARIE au bas de ce vieux parchemin,
Et le feuillet heureux a tiédi sous la main
Que bleuissait un sang fier & prompt à l'orgie.

Là de merveilleux doigts de femme sont passés,
Tout empreints du parfum des cheveux caressés
Dans le royal orgueil d'un sanglant adultère.

J'y retrouve l'odeur & les reflets rosés
De ces doigts aujourd'hui muets, décomposés,
Changés peut-être en fleurs dans un champ solitaire.

Anatole France.

Le Mauvais Ouvrier

Maître Laurent Coster, cœur plein de poésie,
Quitte les compagnons qui, du matin au soir,
Vignerons de l'esprit, font gémir le pressoir ;
Et Coster va rêvant selon sa fantaisie :

Car il aime d'amour le démon Aspasie.
Sur son banc, à l'église, il va parfois s'asseoir,
Et voit dans la vapeur flotter sur l'encensoir
La Dame de l'Enfer que son âme a choisie ;

Ou bien encor, tout seul, au bord d'un puits mousseux,
Joignant ses belles mains d'ouvrier paresseux,
Il écoute sans fin la Sirène qui chante.

Et je ne puis non plus travailler ni prier :
Je suis, comme Coster, un mauvais ouvrier,
A cause des yeux noirs d'une femme méchante.

Anatole France.

Défir d'infini

Tous, l'amant qui dans un baifer verfe fon âme,
Le grand lis qui jaillit vers le foleil levant,
L'oifeau de mer qui plane & fe foûle de vent,
Le martyr qui fe jette en chantant dans la flamme,

Le cerf qui, fou de rut, vers les étoiles brame,
Le lion accroupi dans fa cage & rêvant,
Le poète affoiffé de rhythme, le favant
Qui dans l'obfcur coït d'un problème fe pâme,

Tous, un pareil défir, fouvent à leur infu,
Les travaille, &, toujours pareillement déçu,
Il demeure quand même à jamais implacable.

O défir d'infini, malgré tout perfiftant !
Hélas ! il nous foutient autant qu'il nous accable.
On en meurt, & la vie en eft faite pourtant.

Jean Richepin.

Les Songeants

Dans le pays on les appelait Les Songeants.
A force d'être ensemble ayant mine pareille,
On eût dit deux sarments, secs, de la même treille.
C'étaient un vieux marin & sa femme, indigents.

Ils se trouvaient heureux & n'étaient exigeants,
Car, elle, avait perdu la vue, & lui, l'oreille.
Mais chaque jour, à l'heure où le flux appareille,
Ils venaient, se tenant par la main, bonnes gens,

Et demeuraient assis sur le bord de la grève,
Sans parler, abîmés dans l'infini d'un rêve,
Et jusqu'au fond de l'être avaient l'air de jouir.

Ainsi de leurs vieux ans ils achevaient la trame,
Le sourd à voir la mer, & l'aveugle à l'ouïr,
Et tous deux à humer son âme dans leur âme.

Jean Richepin.

Les Dieux

S'il est vrai que ce siècle ait tué tous les Dieux,
Et que l'homme, éveillé de son sommeil antique,
Ne doive plus les voir en légion mystique
Monter vers leur Olympe immense & radieux,

Est-ce à nous d'applaudir au désastre des Cieux,
A nous que trouble encor la plainte d'un cantique,
Et qui sous le symbole ou païen ou gothique
Sentons frémir les cœurs de nos lointains aïeux?

Non, France! Il est plus noble & d'un esprit plus sage
D'adorer dans les Dieux la plus sublime image
Que l'âme périssable ait rêvée ici-bas;

Et, sceptiques enfants d'une race lassée,
Offrons-leur, à ces Dieux que nous ne prions pas,
L'asile inviolé d'une calme Pensée.

Paul Bourget.

Spleen

Les cloches qui tintaient sous l'azur clair du ciel,
Jusqu'à la chambre close éparpillant leur âme,
Vainement, d'une voix d'amour qui plaint & blâme,
Ont répété : « Les fleurs se fanent sur l'autel... »

Un portrait, qui riait d'un rire sensuel
Sur une cheminée où tremblait une flamme,
A fait étinceler ses yeux comme une lame,
Vainement, & redit : « Mes baisers sont de miel... »

Les cloches ont cessé ; l'ombre crépusculaire
Du portrait sensuel a voilé la colère ;
La nuit mystérieuse erre dans la maison.

Et l'homme dont le cœur répugne à toute envie
Savoure longuement, comme un divin poison,
La taciturne mort du Jour & de la Vie.

Paul Bourget.

Mortuæ

Je n'ai gardé de toi, ma Mère, douce morte,
— Oh! si douce! — qu'un vieux portrait où l'on te voit
Accoudée, appuyant ta tempe sur ton doigt,
Comme pour comprimer une peine trop forte.

Quand tu songeais ainsi, Mère, je n'étais pas :
Tu n'avais pas tiré mon être de ton être...
Réponds! devinais-tu qu'un fils devait te naître
Que tu devais laisser orphelin ici-bas?

Voyais-tu mon destin d'avance, & mon angoisse,
Et ce cœur, né du tien, que tout maltraite & froisse,
Et cette hérédité de tes plus noirs ennuis?

Réponds! figure aimée & si vite ravie
Qui, de tes sombres yeux, pareils aux miens, me suis :
Avais-tu déjà peur de me donner la vie?

Paul Bourget.

La Mort

Tout ce qui doit finir est court, — a dit un sage.
Aux heures de plaisir ce mot si vrai me suit.
Je le creuse. Je sens comme le jour s'enfuit :
Il approche, l'instant que l'affreux mot présage.

Je me vois au tragique & suprême passage.
Je suis mort. Ce qui fut mon cœur s'évanouit.
Mes yeux sont obscurcis par l'éternelle nuit,
Et le drap du suaire a moulé mon visage.

Que ce soit dans un mois, que ce soit dans vingt ans,
Il n'en viendra pas moins, je le sais trop, ce temps ;
Il est déjà venu, tant les jours sont rapides !

Et devant ta présence épouvantable, ô Mort !
Trouvant les voluptés de la vie insipides,
Je songe qu'aucun but ne vaut aucun effort.

Paul Bourget.

Désespoir en Dieu

Oh! qu'il fût seulement une personne, un être!
Qu'à l'heure où l'on se sent mourir de désespoir
On pût voir là quelqu'un, oh! même sans le voir,
Le sentir là, vivant, & qui pût nous connaître!

Tendre Dieu paternel, ou tyrannique maître,
Que seulement on pût près de son cœur s'asseoir,
Comme Jean, près du cœur de Jésus, fit un soir,
Ou l'insulter, l'étreindre, & d'horreur se repaître!

O Dieu, parais, éclaire un si sombre univers!...
— Hélas! que l'homme en pleurs tende ses bras ouverts,
Ou qu'il crispe son poing frénétique, & blasphème,

La matière se meut en sa stupidité,
L'affreuse solitude est à jamais la même,
Et l'homme seul répond à l'homme épouvanté.

Paul Bourget.

Sonnet

Si, comme je l'espère & comme tu le dis,
Dans cette lourde chair souffre une âme immortelle,
Au sortir de mon corps se délassera-t-elle
Sous les magnolias d'un calme paradis ?

Goûtera-t-elle en paix, loin des brûlants midis,
Au bord d'un fleuve heureux qui mouillera son aile,
La fraîcheur d'une eau vive & d'une ombre éternelle,
Sur des tapis de fleurs par les sylphes ourdis ?

Pourrai-je, sans douleur, revivre & me connaître ?
Sentirai-je en rêvant se mêler à mon être
La musique de l'eau, des feuilles & du ciel ?

Serai-je toujours moi, comme tu me l'assures,
Sans que le souvenir persistant & cruel
Dans ce qui fut mon cœur imprime ses morsures ?

Maurice Bouchor.

Sonnet

Juge notre querelle, ô Toi qui nous entends.
Je sais que l'Être épanche à torrents l'existence,
Et que tu peux tirer de ta pure substance
Une profusion d'univers éclatants.

Mais ce qui sort du temps sombrera dans le temps.
Je revois en esprit le monde qui commence ;
Moi, chétif, je prédis la fin du ciel immense,
Et je prends en pitié les astres haletants.

Mon âme attend la mort des étoiles, sans crainte :
L'unité de mon Dieu s'est fortement empreinte
Sur mon indestructible & vivante unité.

Mais vous, globes errants, ô peuple sans mémoire,
Vous n'êtes rien, malgré vos trésors de clarté,
Que matière sublime & poussière de gloire.

Maurice Bouchor.

A Théodore de Banville

O Maître bien aimé, voici que tu reposes,
Pâle & beau, dans la paix du suprême sommeil.
Elle est tarie en toi, la source au flot vermeil;
Tu ne respires pas le souffle de ces roses.

Mais qui pourrait douter que tes paupières closes
Ne se rouvrent bientôt pour un divin réveil,
Et que, pareil à toi sous un plus pur soleil,
Tu ne chantes la grâce & la splendeur des choses?

Tandis qu'autour de toi nous retenons nos pleurs,
Tu sommeilles, ton lit est parfumé de fleurs,
Et l'immortalité rayonne sur ta face.

La Muse, que ton cœur aima sans varier,
Te tresse une couronne éclatante & vivace,
O Maître qui vécus pour l'amour du laurier!

Maurice Bouchor.

Phthisica

Frêle enfant, doux fantôme au contour délié,
Oh! parle bas, & sois de ton souffle économe!
Le drame inaperçu lentement se consomme,
La mort ronge en secret ton corps émacié.

Faut-il pleurer? Pourquoi? — Cher ange fourvoyé,
Tu partiras bientôt, ayant connu de l'homme
Ce qu'il a de plus chaste & de meilleur en somme :
La tendre sympathie & la sainte pitié.

Tu t'évanouiras comme l'âme des roses.
Tu n'auras point subi l'affront des ans moroses,
Et la maternité ne te flétrira pas.

Mais tu laisseras, pur de tout regret profane,
Au cœur de ceux qui t'ont rencontrée ici bas,
Le souvenir léger d'une ombre diaphane.

Jules Lemaître.

Le Flambeau

A peine ont-ils vingt ans, qu'ils ont déjà fermé
Au Bien autant qu'au Beau les portes de leur âme.
L'inaction stupide & la débauche infâme
Ont éteint dans leur cœur l'Idéal enflammé.

Mais dans ces cœurs blasés, que le néant réclame,
Si le flambeau divin un jour s'est abîmé,
Oh! bien sûr, ce jour-là, c'est qu'ils n'ont plus aimé
Nulle sœur, nul ami, nul enfant, nulle femme.

Flambeau sublime & pur, mais qui trembles souvent,
Pour te bien abriter de la pluie & du vent
Et faire rayonner ta clarté souveraine,

Heureux qui peut passer, sans s'interrompre un jour,
De l'amour de sa mère à l'amitié sereine,
Et de l'amitié sainte à son premier amour! —

Auguste Dorchain.

Réconciliation

J'ai voulu de l'Amour séparer le Désir,
Quand ce maître fatal, d'un regard ou d'un signe
Liant ma chair fragile à quelque chair indigne,
M'imposait en dégoût la rançon du plaisir.

Depuis ce temps, — ô joie! orgueil! — j'ai pu choisir
La beauté dont l'amour a des pudeurs de cygne,
Et j'ai compris, alors, quelle faveur insigne
Fit, quand s'aiment les cœurs, les bras pour se saisir.

O mon Amour unique! à présent que je t'aime,
Je vois dans le Désir la Chasteté suprême,
L'ineffable lien de la terre à l'azur ;

Et sur ton sein pâmé lorsque mon sein se pâme,
Je me sens noble & fier, je me sens jeune & pur,
Comme si j'étreignais la forme de ton âme!

Auguste Dorchain.

Notre Rêve

Donc, en ce même inſtant, flottait à mon inſu
Au fond de tes regards humides de tendreſſe
Ce rêve qui mettait dans les miens ſon ivreſſe :
Un frêle & doux enfant de notre chair iſſu.

Notre enfant ! Quel eſpoir en lui ſerait déçu ?
Quels dons ne recevrait avec ſon droit d'aineſſe
Ce fruit de notre force & de notre jeuneſſe,
Ce fils, en plein bonheur, en plein amour conçu ?

Car pour te révéler juſqu'au bout ma chimère,
Je veux un fils : les fils reſſemblent à leur mère.
Qu'il ait tes yeux, tes traits, ta fierté, ta douceur...

Et s'il doit retenir une part de moi-même,
Que ſon cœur ſeulement ſoit pareil à mon cœur,
Afin qu'un jour il ſache aimer comme je t'aime !

Auguſte Dorchain.

Le Cloître

Un crucifix de fer tend ses bras sur le seuil.
De larges remparts gris ceignent le cloître austère,
Où viennent se briser tous les bruits de la terre,
Comme des flots mourants aux angles d'un écueil.

Le saint lieu, clos à tout, gît comme un grand cercueil,
Plein de silence, plein d'oubli, plein de mystère.
Des vierges dorment là leur sommeil volontaire,
Et sous le voile blanc portent leur propre deuil.

Tous les ressorts humains se sont rompus en elles.
Dans l'éblouissement des choses éternelles,
Elles marchent sans voir, hors du Temps, hors du Lieu.

Elles vont, spectres froids, corps dont l'âme est ravie,
Êtres inexistants qui s'abiment en Dieu,
Vivantes dans la mort, & mortes dans la vie.

Edmond Haraucourt.

Le Nénuphar

L'air s'embrume ; les joncs, roux comme de vieux os,
Encadrent l'étang noir qui dort sous le silence.
L'eau plate luit dans une opaque somnolence
Où le ciel renversé fait glisser des oiseaux.

Et là-bas, loin des bords gluants, loin des roseaux,
Seul, bercé dans sa fière & souple nonchalance,
Un Nénuphar, splendeur nageante, se balance,
Tout blanc sur la noirceur immobile des eaux.

— Ainsi, tu t'ouvriras peut-être, un soir d'automne,
O mon suprême amour, espoir d'un cœur atone,
Fleur triste & froide éclose au lac de mes ennuis.

Et le chaste parfum de ta corolle pâle
Montera dans le calme insondable des nuits,
Avec le dernier cri de ma douleur qui râle.

Edmond Haraucourt.

La Voix des Morts

Morts qui dormez, couchés dans nos blancs cimetières,
Parfois, en relisant tous vos noms oubliés,
Je songe que nos cœurs à vos froides poussières
Par des fils infinis & puissants sont liés.

Muets, vous dirigez nos volontés altières,
Par vos désirs éteints nos désirs sont pliés,
Vos âmes dans nos seins revivent tout entières,
En nous vos longs espoirs vibrent, multipliés.

Bien que nous franchissions une sphère plus haute,
Vos antiques erreurs nous induisent en faute,
Nous aveuglant encor malgré tous nos flambeaux ;

Car le passé de l'homme en son présent subsiste,
Et la profonde voix qui monte des tombeaux
Dicte un ordre implacable, auquel nul ne résiste.

Jeanne Loiseau.

Hirondelles

Une minute avant l'ondée
Les hirondelles sont là-haut ;
Elles descendent aussitôt
De la profondeur insondée.

La rivière est déjà ridée
Par un frisson fait d'un sanglot ;
Elles viennent raser le flot
Avec leur aile intimidée.

O chère Muse, c'est ainsi
Que tu viens, délicate aussi,
Nous consoler par tes caresses,

Dans l'attente ou le souvenir
Des plus douloureuses tendresses,
Lorsque les larmes vont venir.

Jacques Madeleine.

NOTES ET VARIANTES

NOTES

ET VARIANTES

Page ix, ligne 18.

Colletet ne favait pas que le mot de *fonnet* tel que l'emploient Thibaut de Champagne & Guillaume de Lorris s'applique indiſtinctement à toute eſpèce de chant. Pour les trouvères comme pour les troubadours le *fonnet* eſt ce qui fonne. « Les Provençaux, dit Ginguené, appelaient *fonnets* des pièces dont le chant était accompagné du fon des inſtruments. » (*Hiſtoire littéraire de l'Italie*, 1811, tome Ier, page 295.) Le poème de quatorze vers à forme fixe, que nous appelons *Sonnet*, eſt abſolument étranger à la vieille poéſie provençale, & c'eſt en Italie qu'il faut en chercher les premiers types. On connaît, il eſt vrai, un fonnet provençal attribué à Guilhem des Amalrics, troubadour du xive fiècle. Mais ce Guilhem des Amalrics fut imaginé au xvie par Jehan de

Notre-Dame, & le prétendu sonnet de ce Guilhem n'est que la fin d'un vieux chant, coupée & remaniée; c'est un octain suivi de deux tercets.

Page XXI, ligne 14.

Sonnet de Annibal Caro

Eran l'aer tranquillo & l'onde chiare,
Sospirava Fauonio, & fuggia Clori,
L'alma Ciprigna innanzi à i primi albori,
Ridendo, empiea d'amor la terra e'l mare;

La rugiadosa Aurora in ciel più rare
Facea le stelle, & di più bei colori
Sparse le nubi e i monti; uscia già fuori
Febo, qual più lucente in Delfo appare :

Quando altra Aurora un più uezzoso hostello
Aperse, & lampeggiò sereno & puro
Il Sol, che sol m'abbaglia, & mi disface.

Volsimi; e'n contro à lei mi parue oscuro
(Santi lumi del Ciel, con nostra pace)
L'oriente, che dianzi era si bello.

(*Rime...* in Venetia, Appresso Aldo Manutio. M. D. LXXII.)

Page XXXIII, ligne 22.

Voici le sonnet composé pour Louis XIII par Claudio Achillini.

Lodasi il Ré Luigi

Il Grande, il Vittorioso, il Giusto.

Sudate, o Fochi, à liquefar metalli,
E voi, Ferri vitali, itene pronti,
Ite di Paro à suiscerare i monti,
Per inalzar Colossi al Ré de' Galli.

Vinse l'inuitta Rocca, e de' vassalli
Spezzò gli orgogli à le rubelle fronti,
E machinando inusitati ponti,
Diè fuga à i mari, e li conuerse in valli.

Volò quindi sù l'Alpi, e il ferro strinse,
E con mano d'Astrea gli alti litigi
Temuto solo, e non veduto estinse.

Ceda le palme pur Roma à Parigi ;
Che, se Cesare venne, e vide, e vinse,
Venne, vinse, e non vide il Gran LUIGI.

(Al Ré christianissimo il Gran Luigi il Vittorioso, il Giusto. In Bologna, presso gli Eredi del Cochi. 1629.)

SONNET I.

Œuures poëtiques de Mellin de S. Gelais. A Lyon, par Antoine de Harsy. 1574.

Sonnets 2 & 3.

Les Œuvres de Clement Marot, de Cahors, en Querci, Vallet de Chambre du Roy... A Niort, Par Thomas Portau, 1596.

Le sonnet 3 est traduit d'un des sonnets de Pétrarque: *In morte di Madonna Laura.* In Vinegia appresso Gabriel Giolito de Ferrari e fratelli. M D L:

> *Da piu begli occhi, e dal piu chiaro uiso*
> *Che mai splendesse, e da piu bei capelli*
> *Che facean l'oro e'l sol parer men belli;*
> *Dal piu dolce parlar, e dolce riso;*
>
> *Da le man, da le braccia, che conquiso,*
> *Senza mouersi, haurian quai piu ribelli*
> *Fur d'amor mai; da piu bei piedi snelli;*
> *Da la persona fatta in paradiso*
>
> *Prendean uita i miei spirti : hor n'ha diletto*
> *Il re celeste, e i suoi alati corrieri;*
> *Et io son qui rimaso ignudo e cieco.*
>
> *Sol un conforto a le mie pene aspetto:*
> *Ch' ella, che uede tutti i miei pensieri,*
> *M'impetri gratia, ch' i possa esser seco.*

Sonnet 4.

Les Œuvres de P. de Ronsard Gentilhomme Vandomois. Reueues, corrigees & augmentees par l'Autheur. A Paris, Chez Gabriel Buon, au clos Bruneau, à l'enseigne S. Claude. 1584.

Ce sonnet est au *Premier liure des Amours*.

« Ronsard identifie sa maitresse Cassandre avec l'antique prophétesse de ce nom, & se fait prédire par elle ses destinées, qui se sont accomplies jusqu'à la lettre. Il mourut en effet tout infirme & cassé dans un âge peu avancé encore. *Ses neveux ont ri de ses soupirs, & il a été la fable du vulgaire.* » (Sainte-Beuve.)

Cette *Cassandre* était une demoiselle de Blois. Ronsard a dit (l. I des *Amours*) :

Ville de Blois, naissance de ma Dame.

Sonnets 5, 6 & 7.

Mêmes *Œuures*. *Le second liure des Amours*.

Nous ne connaissons de Marie ni sa famille ni son nom. Nous savons seulement qu'elle était de Bourgueil, en Anjou, & qu'elle avait seize ans lorsque Ronsard s'éprit d'elle. Le portrait qu'il en fait est vague & charmant (l. II des *Amours*) :

Marie, vous auez la iouë aussi vermeille
Qu'vne rose de May, vous auez les cheueux
Entre bruns & chatains, frisez de mille neuds,
Gentement tortillez tout autour de l'oreille.

Quand vous estiez petite, vne mignarde abeille
Sur vos léures forma son nectar sauoureux,
Amour laissa ses traits en vos yeux rigoureux,
Pithon vous feit la voix à nulle autre pareille.

Vous auez les tetins comme deux monts de lait,
Qui pommelent ainſi qu'au printemps nouuelet
Pommelent deux boutons que leur chaſſe enuironne,

De Iunon ſont vos bras, des Graces voſtre ſein,
Vous auez de l'Aurore & le front & la main,
Mais vous auez le cœur d'vne fiere Lionne.

L'édition de 1567 donne cette variante au ſonnet 5 :

Mignonne, leuez-vous, vous eſtes pareſſeuſe,
Ia la gaïe Alouette au ciel a fredonné,
Et ia le Roſſignol doucement iargonné,
Deſſus l'eſpine aſſis, ſa complainte amoureuſe.

Debout donc, allon voir l'herbelette perleuſe,
Et voſtre beau roſier de boutons couronné,
Et voz œillets aimez, auſquels auiez donné
Hier au ſoir de l'eau d'vne main ſi ſongneuſe.

Hier en vous couchant, vous me fiſtes promeſſe
D'eſtre plus-toſt que moy ce matin éueillée,
Mais le ſommeil vous tient encor toute ſillée :

Ha ie vous puniray du peché de pareſſe,
Ie vais baiſer voz yeux & voſtre beau tetin
Cent fois pour vous aprendre à vous leuer matin.

Le ſonnet 7 ſe trouve dans la *Seconde partie : Sur la mort de Marie*.

SONNETS 8, 9 & 10.

Mêmes *Œuures*. Le ſecond liure des ſonnets pour Helene.

Hélène de Fonſèque, fille du baron de Surgères & d'Anne de Coſſé-Briſſac, était fille d'honneur de Catherine de Médicis.

La chanſon de Béranger :

Vous vieilliréz, ô ma belle maîtreſſe !...

rappelle le ſonnet 8.

Le tableau des vieillards aſſis ſur les remparts (ſonnet 9) eſt emprunté à Homère :

Εἵατο δημογέροντες ἐπὶ Σκαιῇσι πύλῃσιν·
γήραϊ δὴ πολέμοιο πεπαυμένοι...
Ἦκα πρὸς ἀλλήλους ἔπεα πτερόεντ' ἀγόρευον·
Οὐ νέμεσις Τρῶας καὶ ἐϋκνήμιδας Ἀχαιοὺς
τοιῇδ' ἀμφὶ γυναικὶ πολὺν χρόνον ἄλγεα πάσχειν·
αἰνῶς ἀθανάτῃσι θεῇς εἰς ὦπα ἔοικεν.
Ἀλλὰ καὶ ὧς, τοίη περ ἐοῦσ', ἐν νηυσὶ νεέσθω,
μηδ' ἡμῖν τεκέεσσί τ' ὀπίσσω πῆμα λίποιτο.

(ΙΛΙΑΔΟΣ Γ, vers 149...-160).

Voici comment Hugues Salel, traducteur des onze premiers livres de l'*Iliade*, a traduit ce paſſage (édition de 1580) :

Là ces vieillards aſſis de peur du halle
Cauſoyent enſemble. . . . .
. . . .
. . . .
Leſquels voyans la diuine Gregeoiſe,
Diſoyent entr' eux, que ſi la grande noiſe
De ces deux camps duroit longue ſaiſon,
Certainement ce n'eſtoit ſans raiſon :
Veu la beauté & plus qu'humain ouurage
Qui reluiſoit en ſon diuin viſage.

> *Ce neantmoins il vaudroit mieux la rendre*
> *(Ce difoyent-ils) fans gueres plus attendre,*
> *Pour euiter le mal qui peult venir*
> *Qui la voudra encores retenir.*

Properce a fourni à Ronfard les deux derniers vers du même fonnet :

> *Nunc, Pari, tu fapiens, & tu, Menelae, fuifti ;*
> *Tu, quia pofcebas ; tu, quia lentus eras.*

(Livre II., élégie III, vers 37.)

Sonnet 11.

Mêmes *Œuures. Sonnets à diuerfes perfonnes.*

Sonnet 12.

Le Recueil des Sonnets, Odes, Hymnes, Elegies, Fragments, & autres pieces retranchees aux editions precedentes des Œuures de P. de Ronfard Gentil-homme Vendomois. Auec quelques autres non imprimees cy-deuant.

Ce Recueil fait partie des Œuures de Ronsard, éd. 1623 (t. II).

Sonnet 13.

L'Oliue, & autres Œuures poëtiques de Ioachim Du-Bellay Gentilhomme Angeuin. A Paris, De l'Imprimerie de Federic Morel... M. D. LXVIIII.

Olive eſt l'anagramme de Viole, nom de la maîtreſſe poétique de Du Bellay.

Sonnets 14, 15 & 16.

Les Regrets & autres Œuures poëtiques de Ioach. du Bellay Ang. A Paris, de l'imprimerie de Federic Morel, rue S. Ian de Beauuais, au franc Meurier. M. D. LVIIII. Auec priuilege du Roy.

Sonnet 17.

Le Premier Liure des Antiquitez de Rome, contenant une generale deſcription de ſa grandeur, & comme une deploration de ſa ruine : par Ioach. Dubellay Ang. Plus un Songe ou viſion ſur le meſme ſubieƈt, du meſme autheur. A Paris, De l'imprimerie de Federic Morel... M. D. LVIII.

Sonnet 18.

Les Amours de Ian Antoine de Baif. A Monſeigneur le Duc d'Aniou fils & frere de Roy. A Paris, Pour Lucas Breyer. 1572.

La dame à qui Baïf dédia ces poéſies était Francine ou Françoiſe de Gennes.

Sonnet 19.

Les Œuures poëtiques de Remy Belleau.... A Paris, Pour Gilles Gilles... 1585.

Ce ſonnet eſt dans la *Seconde iournee de la Bergerie*.

Sonnets 20, 21, 22 & 23.

Euures de Louize Labé lionnoize. A Lion. Par Ian de Tournes. M. D. LVI. Auec Priuilege du Roy.

« C'eſt dans ſes ſonnets ſurtout que la paſſion de Louiſe éclate & ſe couronne par inſtants d'une flamme qui rappelle Sapho & l'amant de Lesbie. Pluſieurs des ſonnets pourtant ſont pénibles, obſcurs : on s'y heurte à des duretés étranges... Elle n'obſerve pas toujours l'entrelacement des rimes maſculines & féminines, ce qui la rattache encore à l'école antérieure à Du Bellay. Mais toutes ces critiques inconteſtables ſe taiſent devant de petits tableaux achevés comme celui-ci, où ſe réſument au naturel les mille gracieuſes verſatilités & contradictions d'amour :

Ie vis, ie meurs : ie me brule & me noye... »

(Sainte-Beuve. *Portraits contemporains & divers*, pp. 175-176.)

Sainte-Beuve ajoute, en parlant du ſonnet *Tant que mes yeux pourront larmes eſpandre...* : « Admirable de ſenſibilité, il fléchirait les plus ſévères ; à lui ſeul il reſterait la couronne immortelle de Louiſe. »

Le ſonnet 23 eſt un ſouvenir de ces vers de l'élégiaque latin :

Da mi baſia mille, deinde centum,
Dein mille altera, dein ſecunda centum,
Deinde uſque altera mille, deinde centum.
Dein, cum milia multa fecerimus,
Conturbabimus illa, ne ſciamus,

*Aut ne quis malus invidere poſſit,
Cum tantum ſciat eſſe baſiorum.*

(Catullus, V.)

Un ſonnet d'Olivier de Magny, intitulé : *Des beautez de D. L. L.*, & imprimé tout d'abord dans l'édition originale de Louiſe Labé, parmi les *Eſcriz de diuers Poëtes à la louenge de Louize Labé Lionnoiſe*, nous retrace un portrait, bien peu précis malheureuſement, de la belle Cordière. Voici ce ſonnet :

*Où print l'enfant Amour le fin or qui dora
En mile creſpillons ta teſte blondiſſante ?
En quel iardin print il la roze rougiſſante
Qui le liz argenté de ton teint colora ?*

*La douce grauité qui ton front honora,
Les deus rubis balais de ta bouche allechante,
Et les rais de cet œil qui doucement m'enchante,
En quel lieu les print il quand il t'en decora ?*

*D'où print Amour encor ces filets & ces leſſes,
Ces hains & ces apaſts que ſans fin tu me dreſſes
Soit parlant ou riant ou guignant de tes yeus ?*

*Il print d'Herme, de Cypre, & du ſein de l'Aurore,
Des rayons du Soleil, & des Graces encore,
Ces atraits & ces dons, pour prendre hommes & Dieus.*

Ces filets, ces leſſes & ces hains allégoriques révèleraient un ſentiment véritable, s'il eſt vrai, comme on tend à le croire, qu'Olivier de Magny ait aimé Louiſe Labé. (Voir la ſavante

Notice de M. Erneſt Courbet, en tête de ſon édition des *Soupirs.)*

Sonnet 24.

Les Œuures de Mes-Dames des Roches de Poetiers mere & fille... A Paris, Pour Abel l'Angelier... 1579.

Les dames Des Roches, célèbres pour leur bel eſprit, le ſont notamment pour la puce qu'Eſtienne Paſquier vit ſur l'une d'elles. Cette puce fut l'objet d'un recueil de poèmes qui parut en 1581.

Il paraît que Mme Des Roches, dont le vrai nom eſt Madeleine Neveu, n'était point auſſi bonne filandière que ſa fille Catherine. Témoin ce tercet final d'un ſonnet de la dame :

> *Le feu de mon eſprit perd ſa douce lumiere,*
> *Et ne me reſte plus de ma forme premiere*
> *Sinon que i'ayme mieux eſcrire que filer.*

Sonnet 25.

Vers François de feu Eſtienne De la Boetie Conſeiller du Roy en ſa Cour de Parlement à Bordeaux. A Paris. Par Federic Morel Imprimeur du Roy. M. D. LXXII. Auec priuilege.

Marguerite de Carle, veuve d'un premier mari, d'Arſat, épouſa La Boétie. Elle appartenait à une famille diſtinguée, qui comptait parmi ſes membres un poète illuſtre à ſon époque, Lancelot de Carle, évêque de Riez.

Sonnet 26.

Les Souſpirs, d'Oliuier de Magny. A Paris, Pour Vincent Sertenas... 1557.

Sonnets 27, 28 & 29.

Les Premieres Œuures de Philippes Des-Portes... A Paris, Par Mamert Patiſſon... M. DC.

Le ſonnet 27 eſt le premier des *Amours d'Hippolyte.* Il eſt imité d'un ſonnet de Sannazar :

Icaro cadde qui, queſte onde il ſanno...

Le ſonnet 28 eſt l'un de ceux réunis ſous le titre de : *Diane, premieres amours de Philippes Des-Portes,* & compoſés en l'honneur de Diane de Coſſé, comteſſe de Mansfeld. Le ſonnet 29 ſe trouve dans *Bergeries & Maſquarades.*

Sonnet 30.

Prieres & Meditations Chreſtiennes. Par Philippes Des-Portes... A Paris, chez Abel l'Angelier... M. DCIII.

Sonnet 31.

Recueil des Œuures poëtiques de Ian Paſſerat, lecteur & interprete du Roy. Augmenté de plus de la moitié, outre les precedantes impreſſions. Dedié à Monſeigneur le Duc de Suilly. A Paris, Chez Abel l'Angelier... 1606.

Dans un recueil publié du vivant de Paſſerat (*Le Premier Liure des mignardes & gaies poeſies de A. D. C. A. M...* A Paris, Pour Gilles Robinot, tenant ſa boutique au Palais, en la gallerie, par où on va à la Chancellerie), M. D. LXXVIII, on trouve un ſonnet qui reſſemble ſingulièrement à celui-ci &

qui peut bien en avoir été le prototype. C'eſt le dixième des *Sonnets ſur la connaleſcence de M. L. G. Damoiſelle D. S. M.*

Voici ce ſonnet de A. D. C. (Antoine de Cotel, Conſeiller au Parlement de Paris) :

> *Tulene, & ſon eſtat, ſont eſteinêts d'vn coup, Sire.*
> *Toutesfois (s'il vous plaiſt) encore eſt-il en vous*
> *De les faire reuiure : il eſt aſſez de fouls,*
> *Et trop de demandeurs, pour vous faire encor rire.*
>
> *Entre vn pœte, & vn fou, il y a peu d dire :*
> *Chacun d'eux eſt mocqué, & ſe mocque de tous.*
> *L'vn eſt ſouuent deſpit, l'autre eſt prompt à courrous :*
> *Chacun d'eux diêt, & va, où ſon plaiſir le tire.*
>
> *L'vn porte vn gay chappeau, l'autre des bonnets verts :*
> *Chacun aime ſon chant : l'vn ialoux de ſes vers,*
> *L'autre de ſa marotte, on ne ſçauroit desfaire.*
>
> *Ils different pourtant d'vn ſeul poinêt en viuant :*
> *Car l'on diêt que fortune aide aux fouls bien ſouuent,*
> *Et qu'aux pœtes elle eſt quaſi touſiours contraire.*

SONNET 32.

C'eſt le VIIe des neuf ſonnets qui ont pour titre général : *Les Neuf Muſes Pyrenees, preſentees par G. de Saluſte, Sieur du Bartas, au Roy de Nauarre.*

Ce recueil de ſonnets eſt à la ſuite de : *Premiere Sepmaine ou Creation du monde de Guillaume de Saluſte, Seigneur du Bartas...* A Rouen, de l'imprimerie De Raphaël du Petit Val, Libraire & Imprimeur du Roy. 1602.

Sonnet 33.

Petites Œuures meslees du Sieur d'Aubigné... A Genève, Chez Pierre Aubert, Imprimeur Ordinaire de la Republique & Academie. M. DC. XXX. Avec permiſſion & privilege.

En tête de ce ſonnet on lit : « L'autheur trouva en paſſant par Agen un fort beau chien nommé Citron, qui avoit accouſtumé de coucher avec Sa Majeſté. Il lui fit coudre ſur le col, en forme de Placet, ce qui s'enſuit; & le chien ne faillit point dès le ſoir à s'aller preſenter au Roi. »

Sonnet 34.

Les Œuures de Meſſire François de Malherbe, Gentil-homme Ordinaire de la Chambre du Roy. Troiſieſme edition... A Paris, Chez Iean Promé. 1635.

Ce ſonnet a été compoſé en 1624, au dire de Racan.

Sonnet 35.

Ce ſonnet ſe trouve dans un cahier in-4°, ſans titre ni couverture (catalogué Yᵉ 619, Bibliothèque nationale), paginé de 1 à 17, & ſigné A. B. C. D.

Le cahier contient trois pièces : 1° une ode *Pour le Roy allant chaſtier la rebellion des Rochelois, & chaſſer les Anglois, qui en leur faueur eſtoient deſcendus en l'Iſle de Ré*; 2° une lettre au Roy contre les aſſaſſins de ſon fils, commençant ainſi : « Sire, les Vers que Voſtre Majeſté vient de lire paſſeront, s'il luy plaiſt, pour vn tres-humble remerciment de la promeſſe qu'elle m'a faite, de ne donner iamais d'abolition à ceux qui ont aſſaſſiné mon fils...; » 3° le ſonnet *Sur la mort du fils de l'Autheur*, figné *Malherbe*, imprimé p. 17. Pas de fignature à cette page, & rien au verfo.

Ce fils, Marc-Antoine, était âgé de 26 ans lorfqu'il fut tué. Il était Avocat au Parlement de Provence. Malherbe pourfuivit à outrance les meurtriers & mourut fans avoir pu obtenir fatisfaction.

Les vers 13 & 14 du fonnet s'appliquaient à Pol de Fortia, fieur de Pilles, iffu, difait-on, d'une famille juive.

Balzac, dans fa *Differtation* XXVIII, fur Malherbe, adreffée à M. de Plaffac-Méré, ne manque pas de s'étendre affez longuement fur ce douloureux événement : « La dernière année de fa vie, il perdit fon Fils vnique, qui fut tué en duël, par vn Gentil-homme de Provence. Cette perte le toucha fenfiblement. Ie le voyois tous les jours dans le fort de fon affliction, & je le vis agité de plufieurs penfées differentes. Il fongea vne fois... à fe battre contre celuy qui avoit tué fon Fils : Et comme nous luy reprefentafmes, Monfieur de Porcheres-d'Arbaud & moy, qu'il y avoit trop de difproportion de fon âge de foixante & douze ans, à celuy d'vn homme qui n'en avoit pas encore vingt & cinq : *C'eft à caufe de cela, que je me veux battre*, nous refpondit-il ; *Ne voyez-vous pas que je ne hazarde qu'vn denier, contre vne piftole ?*

« On luy parla en fuite d'accommodement, & vn Confeiller du Parlement de Provence, fon Ami particulier, luy porta parole de dix mille efcus : Il en rejetta la premiere propofition (cela eft encore vray) & nous dit l'aprefdinée, ce qui s'eftoit paffé le matin, entre luy & fon Ami. Mais nous luy fifmes confiderer que la vengeance qu'il defiroit, eftant apparemment impoffible, à caufe du credit que fa Partie avoit à la Cour, il ne devoit pas refufer cette legere fatisfaction, qu'on luy prefentoit, que nous appellafmes

solatia luctus
Exigua ingentis, misero sed debita Patri.

Et bien, dit-il, je croiray voftre confeil, je pourray prendre de l'argent, puifqu'on m'y force ; mais je protefte que je ne garderay pas vn tefton, pour moy, de ce qu'on me baillera. I'employeray le tout à faire baftir vn Maufolée à mon Fils. Il vfa du mot de Maufolée, au lieu de celuy de Tombeau, & fit le Poëte par tout.

« Peu de temps apres il fit vn voyage à la Cour, qui eftoit alors devant la Rochelle, & apporta de l'Armée la maladie dont il vint mourir à Paris. Ainfi le traité des dix mille efcus ne fut point conclu, & le deffein du Maufolée demeura dans fon efprit. Il fit feulement imprimer vn Factum, & trois Sonnets, qui n'ont point efté mis dans le Corps de fes autres Ouvrages. Ie voudrois bien pouvoir contenter la curiofité que vous avez de les voir ; Mais de plufieurs Exemplaires qu'il m'en avoit donnez, il ne s'en eft pû trouver aucun, parmi mes Papiers, & il ne me fouvient que de ce feul Vers,

Mon Fils qui fut fi brave, & que j'aimay fi fort.

Sur ma parole affeurez vous qu'ils eftoient tous excellens, & que ce n'eft pas vne petite perte, que celle que vous en faites. » (*Les Œuvres de Monfieur de Balzac...* A Paris, Chez Louis Billaine... M. DC. LXV. T. II, p. 683.)

Sonnet 36.

Les Satyres, & autres Œuures du Sieur Regnier. Augmentez de diuerses Pieces cy-deuant non imprimées. A Paris, Chez Louys Chamhoudry... 1655.

Sonnet 37.

Les Poefies de Gombauld. A Paris, Chez Auguftin Courbé... 1636.

Sonnet 38.

Les Œuures de Theophile... A Rouen, Chez Louys & Daniel Loudet, 1636.

Sonnet 39.

Les Œuures du Sieur de Saint-Amant... A Paris, Chez Nicolas Traboulliet... 1635.

Sonnets 40 & 41.

La Suitte des Œuures du Sieur de Saint-Amant.
A la fuite de l'édition précédente.

Sonnet 42.

Les Œuvres du Sieur de Saint-Amant. Troifiefme partie. A Rouen, De l'Imprimerie de Iean Tieucelin... 1668.

Sonnet 43.

Les Œuures poëtiques de Mr Bertaut, Euefque de Sees... A Paris, Chez Robert Bertault... 1633.

Sonnet 44.

Poefies diuerfes de Monfieur Colletet. Contenant des Sujets

Heroïques. Des Passions Amoureuses. Et d'autres Matieres Burlesques & Enjoüees. A Paris, Chez Louis Chamhoudry... 1656.

Ce sonnet est le xive du *Quatorzain Burlesque. Ou quatorze Sonnets, Burlesques, & Satyriques.*

SONNET 45.

Les Couches sacrées de la Vierge. Poëme heroïque de Sannazar. Mis en François, Par Colletet. A Paris, Chez Iean Camusat... 1634.

Voici la traduction latine que La Monnoye fit de ce sonnet :

AD CAROL. CATONEM CURTIUM.

Cum vidisset Adam formosæ conjugis ora
 Fecerat æternâ quam Deus ipse manu,
Protinus arsit amans, nec amanti restitit illa.
 Et benè : transmissum duximus inde genus.
Blanditiis juvenum mulier tunc invia, credo,
 Una fuit, Curti, nulla vel esse potest.
Quidni blanditiis tunc invia nempé fuisset ?
 In toto, dices, orbe vir unus erat.
Fallimur ambo sed hic, quamvis fortissimus esset
 Ac primo ætatis flore vigeret adhuc,
Quamvis ingenio quamvis foret indole felix
 Et quamvis forma conspiciendus Adam,
Maluit Eva tamen pellacem audire colubrum
 Quam nullas mulier noscere blanditias.

(*Poësies de M. de La Monnoye...* A La Haye, Chez Charles le Vier. 1716.)

Sonnet 46.

Les Œuvres de Monsieur Sarasin. Poesies. A Paris, Chez Augustin Courbé. 1656.

Sonnet 47.

Poesies du Sieur de Malleville. A Paris, Chez Augustin Courbé... 1649.

La Belle Matineuse est, selon Boileau, le meilleur sonnet de Malleville. La Harpe dit que *La Belle Matineuse* est fort au-dessous de sa réputation, qu'il y a trop de mots & pas assez d'idées. Quoi qu'il en soit, ce sonnet fonda la renommée de l'auteur.

Sonnets 48 & 49.

Les Œuures de Monsieur de Voiture. Troisiesme édition... Poesies. A Paris, Chez Augustin Courbé... 1652.

Sonnet 50.

Les Œuures de Monsieur de Benserade. Premiere partie. A Paris, Chez Charles de Sercy... 1697.

Sonnet 51.

Poésies choisies de Messieurs Corneille, Benserade... & plusieurs autres. A Paris, Chez Charles de Sercy... 1653.

Corneille fit encore un sonnet & un madrigal sur la querelle des *Jobelins* & des *Uranins*. Il donne plus nettement son opinion dans la première de ces pièces, que voici :

Sur la contestation entre le Sonnet d'Vranie & de Iob.

Demeurez en repos, Frondeurs & Mazarins,
Vous ne meritez pas de partager la France;
Laissez-en tout l'honneur aux partis d'importance
Qui mettent sur les rangs de plus nobles mutins.

Nos Vranins liguez contre nos Iobelins
Portent bien au combat vne autre vehemence;
Et s'il doit s'acheuer de mesme qu'il commence,
Ce sont Guelfues *nouueaux, & nouueaux* Gibelins.

Vaine démangeaison de la guerre Ciuille
Qui partagiez n'aguere & la Cour & la Ville,
Et dont la paix éteint les cuisantes ardeurs,

Que vous auez de peine à demeurer oisiue !
Puis qu'au mesme moment qu'on voit bas les Frondeurs,
Pour deux meschants Sonnets on demande : Qui viue ?

Sonnet 52.

Le Theatre de P. Corneille. Reueu & corrigé par l'Autheur. I. Partie. A Paris, Chez Augustin Courbé… Et Guillaume de Luyne… 1660.

Thomas Corneille, dans son *Dictionnaire universel géographique & historique*, au mot *Rouen*, dit de son frère : « Une avanture galante luy fit prendre le dessein de faire une

Comedie pour y employer un Sonnet qu'il avoit fait pour une Demoiſelle qu'il aimoit. Cette Piece dans laquelle eſt traitée toute l'aventure, & qu'il intitula *Melite,* eut un ſuccés extraordinaire. »

Le nom de cette Demoiſelle eſt révélé par *Le Moréri des Normands,* manuſcrit de J.-A. Guiot de Rouen, conſervé à la bibliothèque de Caen : « Le plaiſir de cette avanture détermina Corneille à faire la comédie de *Melite,* anagramme du nom de ſa maîtreſſe... la demoiſelle *Milet,* très-jolie Rouennaiſe. »

Ainſi déterminé, Corneille ne manqua pas d'introduire le Sonnet dans ſa pièce (Acte II, Scène IV).

Sonnet 53.

Ce ſonnet ſe trouve dans l'épître adreſſée à la Reine Régente, en tête de la tragédie de *Polyeucte* (éd. 1643). Corneille loue Anne d'Autriche de ſa prudence, de ſes ſoins, des bons conſeils qu'elle a pris, des grands courages qu'elle a choiſis pour les exécuter, de ſa gloire acquiſe, de la priſe de Thionville. Puis il ajoute : « Permettez que ie me laiſſe emporter au rauiſſement que me donne cette penſée, & que ie m'ecrie dans ce tranſport :

Que vos ſoins, grande REINE, *enfantent de miracles...* »

Sonnet 54.

La Vie de Damoiſelle Elizabeth Ranquet. A Paris, Chez Charles Savreux... 1655.

Ce ſonnet a pour titre : *Sur la mort de Damoiſelle Elizabeth Ranquet, femme de Nicolas du Chevreul, Eſcuyer ſieur d'Esturville.* On le retrouve dans quelques exemplaires de l'édition originale d'*Œdipe*.

Le xie vers rappelle deux vers des *Entretiens solitaires* de Brébeuf, ceux qui terminent les *Désirs de conversion* :

> *Que toute mon étude & toute mon envie*
> *Soit de vous envoyer mes soupirs nuit & jour,*
> *Et que le dernier de ma vie*
> *Soit encore vn soûpir d'amour.*

Il est bien étrange que Brébeuf ait mis ce même sonnet, avec quelques variantes, dans ses *Poësies diverses* de 1658 & 1662 & dans ses *Éloges poétiques* de 1661. Voici le texte de l'édition de 1658 :

EPITAPHE.

Ne verse point de pleurs sur cette sepulture,
Tu vois de Leonor le tombeau precieux,
Où gist d'vn corps tout pur la cendre toute pure,
Mais la vertu du cœur vit encore en ces lieux.

Auant que de payer les droits à la nature,
Son esprit s'éleuant d'vn vol audacieux,
Alloit au Createur vnir la Creature,
Et marchant sur la terre elle estoit dans les Cieux.

Les Pauures bien mieux qu'elle, ont senty sa richesse,
Ne chercher que Dieu seul fut sa seule allegresse,
Et son dernier soupir fut vn soupir d'amour.

Passant : qu'à son exemple vn beau feu te transporte,
Et loin de la pleurer d'auoir perdu le iour,
Croy qu'on commence à viure en mourant de la sorte.

Sonnet 55.

Ce sonnet, qui n'a pas été imprimé du vivant de Corneille, fournit de nombreuſes variantes. Le texte que nous avons choiſi eſt le plus ancien; il eſt écrit de la main de Gaignières, ainſi que le nom *P. Corneille* qui le termine, & appartient à la Bibliothèque nationale, Ms. f. Gaignières, 22557, 14.

Il a été remanié par Voltaire de la façon qui ſuit:

Sous ce marbre repoſe un monarque ſans vice,
Dont la ſeule bonté déplut aux bons François;
Ses erreurs, ſes écarts vinrent d'un mauvais choix,
Dont il fut trop longtemps innocemment complice.

L'ambition, l'orgueil, la haine, l'avarice,
Armes de ſon pouvoir nous donnèrent des loix;
Et bien qu'il fût en ſoi le plus juſte des Rois,
Son règne fut toujours celui de l'injuſtice.

Fier vainqueur au dehors, vil eſclave en ſa cour,
Son tyran & le nôtre à peine perd le jour,
Que juſques dans la tombe il le force à le ſuivre;

Et par cet aſcendant ſes projets confondus,
Après trente-trois ans ſur le trône perdus,
Commençant à régner, il a ceſſé de vivre.

Sonnet 56.

Diverſitez curieuſes, pour ſervir de recreation à l'eſprit. Huitiéme Partie. Suivant la Copie de Paris. Amſterdam, André de Hoogenhuyſen. 1699.

Le ſonnet, anonyme dans ce recueil, eſt précédé de cette note: « Sonnet ſur la Paſſion de JESUS-CHRIST: *Et in-*

clinato capite, &c. » Ce fut Mme Dunoyer qui l'attribua au comte de Modène, qu'elle avait « connu fur fes vieux jours. » (Voir : *Lettres hiſtoriques & galantes, Par Madame de* C***. *Ouvrage curieux. Tome quatrieme. Seconde Edition Revuë & corigée par l'Autheur.* A Cologne, Chez Pierre Marteau. M. DCC. XV.)

Ce célèbre fonnet a été fouvent réimprimé. M. Alexandre Piedagnel, qui l'avait copié fur une infcription de la porte de l'ancien cimetière de la Sainte-Trinité, à Cherbourg, le communiqua au colonel F.-N. Staaff, puis à Alfred Delvau, à M. Georges Monval, directeur du *Moliériſte*, à nombre de journaux & de publications. A leur tour, Paul Lacroix & Louis de Veyrières le découvrirent dans des manufcrits du temps, mais avec une leçon différente, qu'ils ont reproduite, l'un dans fes *Poëſies diuerſes attribuées à Molière*, l'autre dans la *Monographie du fonnet*.

Chacune de ces réimpreſſions fournit des variantes au texte de 1699. Nous ne citerons que celles du 12ᵉ vers, en faifant remarquer que *ſe meut* eſt au prétérit pour *ſe mut*.

> *Tout pâlit, tout ſe meut dans la terre & dans l'air...*
> *Tout gémit, tout frémit ſur la terre & dans l'air...*
> *Tout pâlit, tout s'émut, ſur la terre & dans l'air...*

Sonnet 57.

Recueil de pieces galantes, En Proſe & en Vers, de Madame la Comteſſe de la Suze; D'une autre Dame, & de Monſieur Peliſſon. Augmenté de pluſieurs Elegies. A Amſterdam, Chez Jean Rips. 1695.

François de la Mothe le Vayer, précepteur de Louis XIV, hiſtoriographe de France, membre de l'Académie françaife, perdit fon fils en 1664.

Molière accompagnait son sonnet de ces réflexions :
« Vous voyez bien, Monsieur, que je m'écarte fort du chemin qu'on suit d'ordinaire en pareille rencontre, que le Sonnet que je vous envoye n'est rien moins qu'une consolation ; mais j'ay crû qu'il falloit en user de la sorte avec vous, & que c'est consoler un Philosophe que de luy justifier ses larmes, & de mettre sa douleur en liberté. Si je n'ay pas trouvé d'assez fortes raisons pour affranchir vostre tendresse des severes leçons de la Philosophie, & pour vous obliger à pleurer sans contrainte, il en faut accuser le peu d'eloquence d'un homme qui ne sçauroit persuader ce qu'il sçait si bien faire. »

Molière reproduisit dans *Psyché* (Acte II, Scène 1, éd. 1671) les deux quatrains du sonnet, en les modifiant ainsi :

LE ROY.

Ah ! ma Fille, à ces pleurs laisse mes yeux ouverts,
Mon deüil est raisonnable, encor qu'il soit extrême,
Et lors que pour toûjours on perd ce que je perds,
La Sagesse, croy-moy, peut pleurer elle-mesme.
   En vain l'orgueil du Diadéme
Veut qu'on soit insensible à ces cruels revers,
En vain de la Raison les secours sont offerts,
Pour vouloir d'un œil sec voir mourir ce qu'on aime :
L'effort en est barbare aux yeux de l'Univers,
Et c'est brutalité plus que vertu suprême.

SONNET 58.

Choix de poësies morales & chrétiennes... Dédié à Monseigneur le Duc d'Orléans... Paris, Chez Prault père & fils. 1739 (t. I, l. IV).

Sainte-Beuve, après Du Radier, accusait Des Barreaux d'avoir trouvé dans un sonnet de Philippe Desportes qui commençait ainsi :

Helas! si tu prends garde aux erreurs que i'ay faites...

le motif, les images & même les expressions de son fameux sonnet. La vérité est qu'ils ont l'un & l'autre imité, mais Des Barreaux beaucoup plus heureusement, ce sonnet de Francesco Maria Molza :

> *Signor, se miri a le passate offese,*
> *A dir il vero, ogni martire è poco;*
> *S'al merto di chi ognor piangendo invoco,*
> *Troppo ardenti saette hai in me distese.*
>
> *Ei pur per noi umana carne prese,*
> *Con laqual poi morendo estinse il foco*
> *De' suoi disdegni, e riaperse il loco*
> *Che'l nostro adorno mal già ne contese.*
>
> *Con questa fida ed onorata scorta*
> *Dinanzi al seggio tuo mi rappresento,*
> *Carco d'orrore, e di me stesso in ira.*
>
> *Tu pace al cor, ch'egli è ben tempo, apporta;*
> *E le gravi mie colpe, ond'io pavento,*
> *Nel sangue tinte del Figliuol tuo mira.*

SONNET 59.

Les Œuvres de Monsieur Scarron. Reueuës, corrigées & augmentées de nouueau. Imprimées à Rouen... 1663.

Sonnet 60.

Fables nouvelles, & autres Poëſies. De M. de la Fontaine. A Paris, Chez Denys Thierry... 1671.

Ce ſonnet eſt adreſſé à Mademoiſelle Colletet, femme du poète, ſur le portrait de cette dame peint par Sève.

Sonnet 61.

Œuvres de M. Boileau Deſpréaux. Nouvelle Édition, Avec des Eclairciſſemens Hiſtoriques donnés par lui-même, & rédigés par M. Broſſette... Par M. de Saint-Marc. A Paris, Chez David... 1747.

Broſſette dit en note : « L'Auteur avoit oublié ce *Sonnet*; mais j'en trouvai par haſard une Copie, que je lui envoïai, & il me fit cette réponſe le 24. de Novembre 1707. « Pour ce qui eſt du *Sonnet*, la vérité eſt, que je le fis preſque à la ſortie du Collége, pour une de mes Nieces, qui mourut âgée de dix-huit ans... Je ne le donnai alors à perſonne, & je ne ſçay par quelle fatalité il vous eſt tombé entre les mains, après plus de cinquante ans qu'il y a que je le compoſai. Les Vers en ſont aſſés bien tournez, & je ne le deſavoüerois pas meſme encore aujourd'hui, n'eſtoit une certaine tendreſſe tirant à l'amour, qui y eſt marquée, qui ne convient point à un Oncle pour ſa Niece, & qui y convient d'autant moins, que jamais amitié ne fut plus pure ni plus innocente que la noſtre. Mais quoy ? je croyois alors que la Poëſie ne pouvoit parler que d'amour. C'eſt pour réparer cette faute, & pour montrer qu'on peut parler en vers, meſme de l'amitié enfantine, que j'ay compoſé, il y a quinze ou ſeize ans, le ſeul *Sonnet* qui eſt dans mes Ouvrages & qui commence par *Nourri dés le Berceau...* »

Sonnet 62.

Poésies de Madame & de Mademoiselle Deshoulières... A Paris, Chez Villette... 1732.

Buffy, peu ami de Racine, écrivait au P. Brulart, le 30 janvier 1677 : « Racine & Pradon ont fait chacun une comédie intitulée *Phèdre & Hippolyte*, & chacun a sa cabale. M. de Nevers, qui est pour Pradon, fit l'autre jour ce sonnet contre la comédie de Racine :

« *Dans un fauteuil doré, Phedre tremblante & blême...*

« Racine piqué du ridicule dont ce sonnet traitoit sa comédie fit, dit-on, avec son ami Despreaux ce sonnet en réponse :

« *Dans un palais doré, Damon, jaloux & blême...* »

Ce premier sonnet que Buffy attribue au duc de Nevers fut composé, dans un souper, chez Madame Deshoulières, le soir même où la *Phèdre* de Racine avait été jouée pour la première fois. « Dès le lendemain matin, dit Niceron, l'abbé Tallemant l'aîné apporta une copie à Madame Deshoulières, qui la reçut sans rien témoigner de la part qu'elle avait au sonnet; & elle fut ensuite la première à le montrer, comme le tenant de l'abbé Tallemant. »

Sonnet 63.

Le Porte-feuille de Monsieur L. D. F**** (L. de Lafaille). A Carpentras, chez Dominique Labarre, Imprimeur & Marchand Libraire. M. DC. XCIV.

Anonyme dans cet ouvrage, ce sonnet porte le nom de son auteur dans *Le Nouveau Porte-feuille historique & litté-*

raire. *Ouvrage posthume de Mr Brusen de la Martinière*... A Amsterdam & à Leipzig, Chez J. Schreuder & P. Mortier le Jeune. MDCCLV. A la suite on lit : « ... Ce Sonnet est de *Racine* qui aimoit à faire courir des Epigrammes Anonymes sur les pièces de Théatre qu'il n'aprouvoit pas. »

C'est la réponse au sonnet de Madame Deshoulières sur *Phèdre*. *L'Auteur de qualité* dont il est question est le duc de Nevers, auquel, pendant quelque temps, on avait attribué ce *Genséric*.

Sonnet 64.

Œuvres diverses de M. Rousseau. Nouvelle édition. A Bruxelles; aux dépens de la Compagnie. M. DCC. XLI.

Joseph-François Duché de Vancy, né en 1668, mort en 1704, membre de l'Académie des Inscriptions. Il composa des poèmes d'opéras & des tragédies sacrées pour l'Institut de Saint-Cyr.

Sonnet 65.

Œuvres de Voltaire... Édition Beuchot. A Paris, Chez Lefèvre & Firmin Didot frères. 1833 (t. XIV).

Ce sonnet est de l'année 1736. Voltaire écrivait à ce sujet à M. Thieriot :

« A Cirey, le 18 mars.

« ... Vous trouverez sur une dernière feuille une chose que je n'avais faite de ma vie, un sonnet. Présentez-le au marquis, ou non marquis, Algarotti, & admirez avec moi son ouvrage sur la lumière. Ce sonnet est une galanterie italienne. Qu'il passe par vos mains, la galanterie sera complète. » (T. LII.)

Sonnet 66.

Poéfies de Antoni Defchamps. Nouvelle édition revue & confi-dérablement augmentée par l'auteur. Paris. H.-L. Delloye. 1841.

Ce fonnet eſt traduit d'un des nombreux fonnets compofés par Pétrarque fur la mort de Laure. Voici les vers italiens, d'après l'édition de Venise, 1550, chez *Gabriel Giolito de Ferrari e fratelli* (partie II, f. 102) :

> *La uita fugge, e non s'arreſta un' hora,*
> *E la morte uen dietro a gran giornate ;*
> *E le coſe preſenti, e le paſſate*
> *Mi danno guerra, e le future anchora ;*
>
> *E'l rimembrar, e l'aſpettar m'accora*
> *Hor quinci, hor quindi ſi, che'n ueritate*
> *Senon ch'i ho di me ſteſſo pietate,*
> *I farei gia di queſti penſier fora.*
>
> *Tornami auanti, s'alcun dolce mai*
> *Hebbe'l cor triſto ; e poi da l'altra parte*
> *Veggio al mio nauigar turbati i uenti ;*
>
> *Veggio fortuna in porto ; e ſtanco homai*
> *Il mio nocchier ; e rotte arbore, e ſarte ;*
> *E i lumi bei, che mirar foglio, ſpenti.*

Sonnet 67.

La Renaiſſance Littéraire & Artiſtique. N° du 27 juillet 1872.

Ce fonnet eſt dédié à Madame Judith Mendès. Le fecond des fonnets compofés par Victor Hugo fe trouve dans *Les Quatre Vents de l'Eſprit : Le Livre ſatirique.* Le voici :

Jolies Femmes

(Sonnet pour album)

On leur fait des sonnets, passables quelquefois ;
On baise cette main qu'elles daignent vous tendre ;
On les suit à l'église, on les admire au Bois ;
On redevient Damis, on redevient Clitandre ;

Le bal est leur triomphe, & l'on brigue leur choix ;
On danse, on rit, on cause ; & vous pouvez entendre,
Tout en valsant, parmi les luths & les hautbois,
Ces belles gazouiller de leur voix la plus tendre :

« La force est tout ; la guerre est sainte ; l'échafaud
Est bon ; il ne faut pas trop de lumière ; il faut
Bâtir plus de prisons & bâtir moins d'écoles ;

« Si Paris bouge, il faut des canons plein les forts. »
Et ces colombes-là vous disent des paroles
A faire remuer d'horreur les os des morts.

(Juillet 1876.)

Sonnets 68, 69 & 70.

Œuvres de C.-A. Sainte-Beuve. Poésies complètes (Vie, Poésies & Pensées de Joseph Delorme. Les Consolations. Pensées d'août. Notes & Sonnets. Un dernier Rêve). Paris. Alphonse Lemerre. 1879.

Ces trois sonnets font partie de *Vie, Poésies & Pensées de Joseph Delorme.*

Nous donnons le sonnet imité par Sainte-Beuve, d'après *The Sonnets of William Wordsworth*. London : Moxon. 1838 :

> *Scorn not the Sonnet; Critic! you have frowned,*
> *Mindless of its just honours; with this key*
> *Shakspeare unlocked his heart; the melody*
> *Of this small lute gave ease to Petrarch's wound;*
>
> *A thousand times this pipe did Tasso sound;*
> *With it Camöens soothed an exile's grief;*
> *The Sonnet glittered a gay myrtle leaf*
> *Amid the cypress with which Dante crowned*
>
> *His visionary brow; a glow-worm lamp,*
> *It cheered mild Spenser, called from Faery-land*
> *To struggle through dark ways; and, when a damp*
>
> *Fell round the path of Milton, in his hand*
> *The Thing became a trumpet; whence he blew*
> *Soul-animating strains-alas, too few!*

SONNETS 71, 72 & 73.

Iambes & Poëmes. Par Auguste Barbier. Paris. Dentu. 1865.
Ces trois sonnets se trouvent dans la partie du livre intitulée : *Il pianto*.

SONNET 74.

Œuvres de Auguste Brizeux. Paris. Alphonse Lemerre. 1874-1875.
Ce sonnet fait partie des *Histoires poétiques, Formes & Pensées*.

Sonnet 75.

Les Filles du feu. Nouvelles. Par Gérard de Nerval. Paris. D. Giraud. 1854.

Ce sonnet, qui a pour épigraphe : *Eh quoi ! tout est sensible !* (PYTHAGORE), se trouve dans *Les Chimères*.

Sonnets 76, 77 & 78.

Œuvres complètes de Alfred de Musset. Poésies (t. II). Paris. Alphonse Lemerre. 1876.

Musset suppose que le fils du Titien, Titianello, fit le premier de ces trois sonnets pour sa maîtresse.

Sonnet 79.

Mes Heures perdues. Poésies. Par Félix Arvers. Fournier jeune. 1833.

Ce sonnet, tiré, pour la première fois par M. Albéric Second, d'un recueil condamné à l'oubli, est devenu célèbre.

Sonnets 80, 81 & 82.

Œuvres de Théophile Gautier. Poésies (Premières poésies. Albertus. Poésies diverses). Paris. Alphonse Lemerre. 1890.

Ces trois sonnets se trouvent dans *Poésies diverses*.

Sonnet 83.

Œuvres de Théophile Gautier. Poésies (La Comédie de la

Mort. Poésies diverses. España. Poésies nouvelles). Paris. Alphonse Lemerre. 1890.

Ce sonnet est dans *Poésies nouvelles*.

Sonnet 84.

Œuvres poétiques de Victor de Laprade. Paris. Alphonse Lemerre. 1878-1881.

Ce sonnet se trouve dans *Varia*.

Sonnet 85.

Çà & là. Par Louis Veuillot... Paris. Gaume... 1860.

Ce sonnet se trouve dans *La Campagne, la Musique & la Mer* (livre XV, t. II).

Sonnets 86, 87, 88 & 89.

Œuvres poétiques de Joséphin Soulary. Première partie. Sonnets (1847-1871). Paris. Alphonse Lemerre. 1872.

Sonnet 90.

Œuvres de Louis Bouilhet (Festons & Astragales. Melænis. Dernières chansons). Paris. Alphonse Lemerre. 1891.

Ce sonnet est dans *Dernières chansons*.

Sonnets 91, 92 & 93.

Leconte de Lisle. Poèmes Barbares. Édition définitive, revue & considérablement augmentée. Paris. Alphonse Lemerre. 1872.

Sonnet 94.

Leconte de Lisle. Poèmes tragiques. Paris. Alphonse Lemerre. 1884.

Sonnets 95, 96 & 97.

Œuvres complètes de Charles Baudelaire. Les Fleurs du Mal. Paris. Alphonse Lemerre. 1888.

Le premier de ces sonnets se trouve dans *Nouvelles Fleurs du Mal;* le second, dans *Spleen & Idéal;* le troisième, dans *La Mort.*

Sonnet 98.

Œuvres de Théodore de Banville (Le Sang de la Coupe. Trente-six Ballades joyeuses. Le Baiser). Paris. Alphonse Lemerre. 1890.

Ce sonnet se trouve dans *Le Sang de la Coupe.*

Sonnet 99.

Œuvres de Théodore de Banville (Les Stalactites. Odelettes. Améthystes. Le Forgeron). Paris. Alphonse Lemerre. 1889.

Ce sonnet, qui fait partie des *Stalactites*, a pour épigraphe :

> ... velut inter ignes
> Luna minores.

(Horace.)

M. Théodore de Banville a compofé, comme on voit, un fonnet en vers de quatre fyllabes. Des poètes moins experts affurément que Théodore de Banville ont réuffi à produire des fonnets monofyllabiques. Mais il ne s'agiffait pas pour eux de faire une belle chofe : il s'agiffait de combiner profodiquement quatorze monofyllabes de façon à conferver un fens à peu près intelligible. Le plus heureux de tous fut le comte Paul de Refféguier, l'auteur du fonnet que voici :

ÉPITAPHE D'UNE JEUNE FILLE.

Fort
Belle,
Elle
Dort !

Sort
Frêle !
Quelle
Mort !

Rofe
Clofe,
La

Brife
L'a
Prife.

SONNETS 100 & 101.

Œuvres de Théodore de Banville (Les Exilés. Les Princeffes). Paris. Alphonfe Lemerre. 1890.

Ces deux sonnets sont dans *Les Princesses*. Celui de *Pasiphaé* est accompagné de cette épigraphe :

> *Hic crudelis amor tauri, suppostaque furto*
> *Pasiphaë...*
> (VIRGILE. *Énéide*, livre VI.)

& celui de *La Reine de Saba*, de celle-ci : « Sa robe en brocart d'or, divisée régulièrement par des falbalas de perles, de jais & de saphirs, lui serre la taille dans un corsage étroit, rehaussé d'applications de couleur, qui représentent les douze signes du Zodiaque. Elle a des patins très hauts, dont l'un est noir & semé d'étoiles d'argent, avec un croissant de lune ; — & l'autre, qui est blanc, est couvert de gouttelettes d'or avec un soleil au milieu. » (G. FLAUBERT, *La Tentation de saint Antoine*.)

SONNET 102.

Louis Ménard. Rêveries d'un païen mystique. Paris. Alphonse Lemerre. 1886.

SONNET 103.

Poésies de André Lemoyne. 1871-1883 (I. *Légendes des Bois & Chansons marines.* II. *Paysages de Mer & Fleurs des Prés.* III. *Soirs d'Hiver & de Printemps*). Paris. Alphonse Lemerre. 1883.

Ce sonnet, qui se trouve dans *Soirs d'Hiver & de Printemps*, est dédié *A Duplais Destouches*.

SONNET 104.

Pages intimes. Poésies. Par Eugène Manuel. Paris. Michel Lévy frères. 1866.

Sonnet 105.

Claudius Popelin. Poésies complètes (Strophes & Couplets. Hommes & Fourmis. Histoire d'avant-hier. Un livre de Sonnets). Paris. G. Charpentier & Cie. 1889.

Ce sonnet fait partie de *Un livre de sonnets*. Il offre cette particularité qu'il est, ainsi que le dit l'auteur, *bicésuré*.

Sonnet 106.

Œuvres poétiques de Jules Breton. 1867-1886 (Les Champs & la Mer. Jeanne). Paris. Alphonse Lemerre. 1887.

Ce sonnet est dans *Les Champs & la Mer*.

Sonnet 107.

Poésies de André Theuriet. 1860-1874 (Le Chemin des bois. Le Bleu & le Noir). Paris. Alphonse Lemerre. 1879.

Ce sonnet se trouve dans *Le Chemin des bois*.

Sonnet 108.

Armand Renaud. Recueil intime. Vers anciens & nouveaux. Paris. Alphonse Lemerre. 1881.

Sonnet 109.

Anthologie des Poètes français du xixme *siècle. 1818 à 1841* (t. II). Paris. Alphonse Lemerre. 1887.

Sonnet 110.

Œuvres de Georges Lafenestre. Poésies. 1864-1874 (Les Espe-

rances. *Pasquella. Idylles & Chansons*). Paris. Alphonse Lemerre. 1889.

Sonnet 111.

Sonnets & Eaux-fortes. Paris. Alphonse Lemerre. 1869.

Sonnet 112.

Les Souvenirs. Par Albert Mérat. Paris. Alphonse Lemerre. 1872.

Sonnet 113.

Le Parnasse contemporain. Recueil de vers nouveaux. Paris. Alphonse Lemerre. 1866.

Ce sonnet présente cette particularité prosodique que toutes les rimes sont féminines.

Sonnets 114 & 115.

Poésies de Armand Silvestre. 1866-1872 (Rimes neuves & vieilles. Les Renaissances. La Gloire du Souvenir). Paris. Alphonse Lemerre. 1880.

Ces sonnets sont tirés des *Rimes neuves & vieilles* : *Sonnets païens.*

Sonnets 116, 117, 118 & 119.

Poésies de Sully Prudhomme. 1866-1872 (Les Épreuves. Les Écuries d'Augias. Croquis italiens. Les Solitudes. Impressions de la Guerre). Paris. Alphonse Lemerre. 1872.

Ces quatre sonnets font partie des *Épreuves.*

Sonnet 120.

Poésies de Sully Prudhomme. 1872-1878 (Les Vaines tendresses. La France. La Révolte des fleurs. Poésies diverses. Les Destins. Le Zénith). Paris. Alphonse Lemerre. 1879.

Ce sonnet se trouve dans *Les Vaines tendresses.*

Sonnet 121.

Léon Dierx. Poésies (1864-1872). Paris. Alphonse Lemerre. 1872.

Sonnet 122.

La Muse à Bibi. Par André Gill (Ouverture. Intermèdes. Finale panaché). Paris. C. Marpon & E. Flammarion.

Ce sonnet fait partie de *Finale panaché.*

Sonnet 123.

H. Cazalis. L'Illusion. Paris. Alphonse Lemerre. 1875.

Sonnets 124 & 125.

Poésies de François Coppée. 1869-1874 (Les Humbles. Écrit pendant le siège. Plus de sang. Promenades & Intérieurs. Le Cahier rouge). Paris. Alphonse Lemerre. 1875.

Le premier sonnet est tiré des *Humbles*; le second, du *Cahier rouge,* & est dédié *A Henry Cazalis.*

Sonnet 126.

Œuvres de François Coppée. Poésies. 1878-1886 (Contes en vers & Poésies diverses). Paris. Alphonse Lemerre. 1887.

Sonnet 127.

François Coppée. Arrière-Saison. Poésies. Paris. Alphonse Lemerre. 1887.

Sonnet 128.

François Coppée. Les Paroles sincères. Paris. Alphonse Lemerre. 1891.

Sonnets 129, 132, 133, 134 & 135.

Anthologie des Poètes français du XIXme *siècle. 1842 à 1851* (t. III). Paris. Alphonse Lemerre. 1888.

Le Samouraï a cette épigraphe : *C'était un homme à deux sabres.*

Sonnet 130.

Le Temps, dans un des *Billets du matin* de M. Jules Lemaître.

Sonnet 131.

Revue des Deux-Mondes, 15 mai 1890.
Avec cette épigraphe : *Ecquis vivit fortunatior ?* (TÉRENCE).

Sonnet 136.

Ernest d'Hervilly. Les Baisers. Paris. Alphonse Lemerre. 1872.

Sonnet 137.

Louisa Siefert. Rayons perdus. Nouvelle édition. Paris. Alphonse Lemerre. 1878.

Sonnets 138 & 139.

Anthologie des Poëtes français du XIXme *siècle. 1842 à 1851* (t. III). Paris. Alphonse Lemerre. 1888.

Sonnet 140.

Poëmes Saturniens. Par Paul Verlaine. Paris. Alphonse Lemerre. 1866.
Ce sonnet se trouve dans *Melancholia*.

Sonnets 141 & 142.

Les Poëmes dorés. Par Anatole France. Paris. Alphonse Lemerre. 1873.
Le sonnet 141 est dédié *A Étienne Charavay*.

Sonnet 143.

Jean Richepin. Les Blasphèmes. Paris. Maurice Dreyfous. 1884.

Sonnet 144.

Jean Richepin. La Mer. Paris. Maurice Dreyfous. 1886.

Sonnet 145.

Œuvres de Paul Bourget. Poésies. 1872-1876 (Au bord de la Mer. La Vie inquiète. Petits Poëmes). Paris. Alphonse Lemerre. 1885.
Ce sonnet, qui fait partie de *La Vie inquiète*, est dédié *A Anatole France*.

Sonnets 146, 147, 148 & 149.

Œuvres de Paul Bourget. Poésies. 1876-1882 (Edel. Les Aveux). Paris. Alphonse Lemerre. 1886.

Les trois sonnets sont tirés des *Aveux*.

Sonnets 150 & 151.

Maurice Bouchor. L'Aurore. Paris. G. Charpentier & Cie. 1884.

Ces deux sonnets font partie de *L'Idéal*.

Sonnet 152.

Le journal *Le Figaro*, 15 mars 1891.
Th. de Banville venait de mourir le 13 mars.

Sonnet 153.

Jules Lemaitre. Les Médaillons (Puellæ. Puella. Risus rerum. Lares). 1876-1879. Paris. Alphonse Lemerre. 1880.

Sonnet 154.

Auguste Dorchain. La Jeunesse pensive. Poésies couronnées par l'Académie française. Deuxième édition... Paris. Alphonse Lemerre. 1883.

Ce sonnet, qui fait partie de *L'Ame vierge*, est dédié A G.-A. Hubbard.

Sonnets 155 & 156.

Anthologie des Poètes français du XIXme siècle. 1852 à 1866 (t. IV). Paris. Alphonse Lemerre. 1888.

Sonnets 157 & 158.

Edmond Haraucourt. L'Ame nue. Paris. G. Charpentier & Cie. 1885.

Le premier de ces fonnets eft dédié *A Mademoifelle Any M.;* le fecond, *A Luigi Loir.*

Sonnet 159.

Daniel Lefueur. Un Myftérieux Amour. Paris. Alphonfe Lemerre. 1886.

C'eft fous ce nom de *Daniel Lefueur* que Mlle Jeanne Loifeau a publié fes romans.

Sonnet 160.

Jacques Madeleine. L'Idylle éternelle, avec une préface par Catulle Mendès. Paris. Paul Ollendorf. 1884.

Ce fonnet eft dédié *A François Coppée.*

APPENDICE

APPENDICE

LES RÈGLES DU SONNET

I

« Le sonnet suit l'epigramme de bien pres, & de matiere, & de mesure : Et quant tout est dict, Sonnet n'est autre chose que le parfait epigramme de l'Italien, comme le dizain du François. Mais pour ce qu'il est emprunté par nous de l'Italien, & qu'il ha la forme autre que noz epigrammes, m'a semblé meilleur le traiter à part. Or pour en entendre l'energie, sache que la matiere de l'epigramme & la matiere du Sonnet sont toutes vnes, fors que la matiere facecieuse est repugnante à la grauité du sonnet, qui reçoit plus proprement affections & passions greues, mesmes chez le prince des Poëtes Italiens, duquel l'archetype des Sonnetz a esté tiré. La structure en est vn peu facheuse : mais telle que de quatorze vers perpetuelz au Sonnet, les huit premiers font diuifez en deux quatrains vniformes, c'eft à dire, en tout fe refemblans de ryme, & les vers de chaque quatrain font tellement affis que le premier fymbolifant auec le dernier, les deux du milieu demeurent ioins de ryme platte. Les fix derniers font fubietz à diuerfe affiette : mais plus fouuent les deux premiers d'iceux fraternizent en ryme platte. Les 4. & 5. fraternizent auffi en ryme platte, mais differente de celle des deux premiers, & le tiers & le fiziefme fymbolizent auffi en toute diuerfe ryme des quatre autres : comme tu peulx veoir en ce Sonnet de Marot.

> *Au ciel n'y a ne Planette ne Signe,*
> *Qui fi à point fceut gouuerner l'année,*
> *Comme eft Lion la cité gouuernée*
> *Par toy, Triuulfe, homme cler & infigne.*
>
> *Cela difons pour ta vertu condigne :*
> *Et pour la ioye entre nous demenée,*
> *Dont tu nous as la liberté donnée :*
> *La liberté, des threfors le plus digne.*
>
> *Heureux vieillard, ces gros tabours tonans,*
> *Le may planté, & les fiffres fonans*
> *En vont loüant toy, & la noble race :*
>
> *Or penfe donc que font noz voluntez,*
> *Veu qu'il n'eft rien iufqu'aux arbres plantez*
> *Qui ne t'en loüe, & ne t'en rende grace.*

Autrement ces fix derniers vers fe varient en toutes les fortes que permettent analogie & raifon, comme tu verras en lifant les Sonnetz faictz par les fçauans poëtes plus clairement que regle ne moy ne te pourrions montrer.

« Tant y a que le Sonnet auiourd'huy eft fort vfité, & bien receu pour fa nouueauté & fa grace : & n'admet fuyuant fon poix autres vers que de dix fyllabes. »

(*Art poëtique françoys, pour l'inftruction des ieunes ftudieux, & encor peu auancez en la Poëfie Françoyfe*... A Paris. Par la veufue Françoys Regnault, à l'Enfeigne de l'Elephant. 1555. — Second liure, chap. II, *Du Sonnet.*)

Cet *Art poëtique* eft de *Thomas Sibilet.*

II

Loin ces Rimeurs craintifs, dont l'efprit phlegmatique
Garde dans fes fureurs un ordre didactique :
Qui chantant d'un Heros les progrés éclatans,
Maigres Hiftoriens, fuivront l'ordre des temps.
Ils n'ofent un moment perdre un fujet de veuë.
Pour prendre Dôle, il faut que l'Ifle foit renduë ;
Et que leur vers exact, ainfi que Mezeray,
Ait fait déja tomber les remparts de Courtray.
Apollon de fon feu leur fut toûjours avare.
  On dit à ce propos, qu'un jour ce Dieu bizarre
Voulant pouffer à bout tous les Rimeurs François,
Inventa du Sonnet les rigoureufes loix ;
Voulut, qu'en deux Quatrains de mefure pareille
La Rime avec deux fons frappaft huit fois l'oreille,

Et qu'ensuite, six vers artistement rangez
Fussent en deux Tercets par le sens partagez.
Sur tout de ce Poëme il bannit la licence :
Luy-mesme en mesura le nombre & la cadence :
Deffendit qu'un vers foible y pust jamais entrer,
Ni qu'un mot déja mis osast s'y remontrer.
Du reste il l'enrichit d'une beauté suprême.
Un Sonnet sans defauts vaut seul un long Poëme.
Mais envain mille Auteurs y pensent arriver,
Et cet heureux Phénix est encore à trouver.
A peine dans Gombaut, Maynard, & Malleville
En peut-on admirer deux ou trois entre mille.
Le reste aussi peu lû que ceux de Pelletier,
N'a fait de chez Sercy qu'un saut chez l'Epicier.
Pour enfermer son sens dans la borne prescrite,
La mesure est toûjours trop longue ou trop petite.

(*L'Art poëtique en vers.* — Voy. les Œuvres diverses du Sʳ Boileau Despréaux... A Paris, Chez Denys Thierry... M.DCCI. — T. I. Chant second.)

III

« Tout sujet ne comporte pas de longs développements. Il en est qui, au contraire, sont restreints par leur nature, & ne demandent qu'un petit nombre de vers.

« A ces sujets-là, le sonnet — sorte de petit tableau au cadre rétréci — convient parfaitement. Une poésie en deux ou trois stances semble quelque chose d'inachevé, d'ébauché;

le poëte s'eſt arrêté tout à coup ; mais ne ferait-ce pas que l'inſpiration lui a manqué & que le fouffle lui a fait défaut ? Avec le fonnet, un doute pareil ne peut pas exiſter. La penſée, formulée en vers, fe trouve arrêtée dans un rhythme précis, qui a fa fin voulue, & qu'on ne peut dépaſſer.

« Le fonnet eſt donc furtout deſtiné à contenir une penſée, penſée profonde ou gracieuſe, qui fe prépare dans les deux premiers quatrains, foit à l'aide d'une expoſition où l'action prend quelque part, foit à l'aide d'une métaphore, & qui fe révèle dans le tercet final. »

(Profodie de l'école moderne. Par Wilhem Ténint... 1844.)

IV

« Le Sonnet peut commencer par un vers féminin ou par un vers maſculin.

« Le Sonnet peut être écrit en vers de toutes les meſures.

« Le Sonnet peut être régulier ou irrégulier. Les formes du Sonnet irrégulier font innombrables & comportent toutes les combinaiſons poſſibles. Mais en réalité, il n'y a qu'une feule forme de Sonnet régulier...

« Le Sonnet eſt toujours compoſé de deux quatrains & de deux tercets.

« Dans le Sonnet régulier, — riment enſemble :

« 1° Le premier, le quatrième vers du premier quatrain ; le premier & le quatrième vers du fecond quatrain ;

« 2º Le second, le troisième vers du premier quatrain ; le second & le troisième vers du deuxième quatrain ;

« 3º Le premier & le second vers du premier tercet ;

« 4º Le troisième vers du premier tercet & le second vers du deuxième tercet ;.

« 5º Le premier & le troisième vers du deuxième tercet.

« Si l'on introduit dans cet arrangement une modification quelconque,

« Si l'on écrit les deux quatrains sur des rimes différentes,

« Si l'on commence par les deux tercets, pour finir par les deux quatrains,

« Si l'on croise les rimes des quatrains,

« Si l'on fait rimer le troisième vers du premier tercet avec le troisième vers du deuxième tercet...,

« Si enfin on s'écarte, pour si peu que ce soit, du type classique...,

« Le Sonnet est irrégulier.

« Il faut toujours préférer le Sonnet régulier au Sonnet irrégulier, à moins qu'on ne veuille produire un effet spécial ; mais encore dans ce cas, la Règle est une chaîne salutaire qu'il faut bénir !...

« Toutefois le Sonnet irrégulier a produit des chefs-d'œuvre, & on peut le voir en lisant le plus romantique & le plus moderne de tous les livres de ce temps, — le merveilleux livre intitulé *Les Fleurs du Mal.* »

(*Œuvres de Théodore de Banville : Petit traité de Poésie française.* Alphonse Lemerre, éditeur. 1891).

INDEX

INDEX DES AUTEURS

Arène (Paul), 138, 139.
Arvers (Félix), 79.
Aubigné (Théodore-Agrippa d'), 33.
Baïf (Jean-Antoine de), 18.
Banville (Théodore de), 98, 99, 100, 101.
Barbier (Auguste), 71, 72, 73.
Baudelaire (Charles), 95, 96, 97.
Belleau (Remy), 19.
Benserade, 50.
Bertaut, 43.
Boileau-Despréaux (Nicolas), 61.
Bouchor (Maurice), 150, 151, 152.
Bouilhet (Louis), 90.
Bourget (Paul), 145, 146, 147, 148, 149.
Breton (Jules), 106.

INDEX

Brizeux (Auguste), 74.
Cazalis (Henri), 123.
Cladel (Léon), 109.
Colletet (Guillaume), 44, 45.
Coppée (François), 124, 125, 126, 127, 128.
Corneille (Pierre), 51, 52, 53, 54, 55.
Des Barreaux, 58.
Deschamps (Antoni), 66.
Des Essarts (Emmanuel), 111.
Deshoulières (Antoinette de la Garde, dame), 62.
Desportes (Philippe), 27, 28, 29, 30.
Des Roches (Catherine), 24.
Dierx (Léon), 121.
Dorchain (Auguste), 154, 155, 156.
Du Bartas, 32.
Du Bellay (Joachim), 13, 14, 15, 16, 17.
France (Anatole), 141, 142.
Gautier (Théophile), 80, 81, 82, 83.
Gill (André), 122.
Gombauld (Ogier de), 37.
Haraucourt (Edmond), 157, 158.
Heredia (José-Maria de), 129, 130, 131, 132, 133, 134, 135.
Hervilly (Ernest d'), 136.
Hugo (Victor), 67.
Labé (Louise), 20, 21, 22, 23.
La Boétie (Étienne de), 25.
Lafenestre (Georges), 110.
La Fontaine (Jean de), 60.
Laprade (Victor de), 84.
Leconte de Lisle, 91, 92, 93, 94.
Lemaître (Jules), 153.
Lemoyne (André), 103.

Loiseau (Jeanne), 159.
Madeleine (Jacques), 160.
Magny (Olivier de), 26.
Malherbe (François de), 34, 35.
Malleville (Claude de), 47.
Manuel (Eugène), 104.
Marot (Clément), 2, 3.
Mellin de Saint-Gelais, 1.
Ménard (Louis), 102.
Mendès (Catulle), 113.
Mérat (Albert), 112.
Modène (Raimond de Mormoiron, comte de), 56.
Molière, 57.
Musset (Alfred de), 76, 77, 78.
Nerval (Gérard de), 75.
Passerat (Jean), 31.
Popelin (Claudius), 105.
Racine (Jean), 63.
Regnier (Mathurin), 36.
Renaud (Armand), 108.
Richepin (Jean), 143, 144.
Ronsard (Pierre de), 4, 5, 6, 7, 8, 9, 10, 11, 12.
Rousseau (Jean-Baptiste), 64.
Saint-Amant (de), 39, 40, 41, 42.
Sainte-Beuve (Auguſtin), 68, 69, 70.
Sarrasin, 46.
Scarron (Paul), 59.
Siefert (Louiſa), 137.
Silvestre (Armand), 114, 115.
Soulary (Joſéphin), 86, 87, 88, 89.
Sully Prudhomme, 116, 117, 118, 119, 120.
Theuriet (André), 107.

VERLAINE (Paul), 140.
VEUILLOT (Louis), 85.
VIAU (Théophile de), 38.
VOITURE, 48, 49.
VOLTAIRE, 65.

INDEX DES SONNETS

Accablé de Pareſſe, & de Melancholie	41
A cette heure où les cœurs, d'amour raſſaſiés	98
Afin que ton honneur coule parmy la plaine	10
Ah! s'il eſt ici-bas un aſpect douloureux	72
Ah! toi, l'indifférent, tu ſouffres à ton tour	137
AINSI PASIPHAÉ, *la fille du Soleil*	100
Amant abandonné qu'une maîtreſſe oublie	126
A peine ont-ils vingt ans, qu'ils ont déjà fermé	154
Après l'apothéoſe, après les gémonies	91
Apres l'œil de Melite il n'eſt rien d'admirable	52
Aſſis ſur vn fagot, vne pipe à la main	39
Aux larmes, le Vayer, laiſſe les ieux ouverts	57
Avant le temps les temples fleuriront	4
Baiſe m'encor, rebaiſe moy & baiſe	23
Béatrix Donato fut le doux nom de celle	76
Bien que ceſte maiſon ne vante ſon porphire	11
Bizarre comme un ſinge, & pareille aux Houris	136

INDEX

Cachez vos pleurs, madame, & votre épaule.	85
Car les bois ont auſſi leurs jours d'ennui hautain.	121
Ce iourd'huy du Soleil la chaleur alteree.	25
Celui que nous plaignons, & qu'un ſort glorieux	64
Ce pendant que Magny ſuit ſon grand Auanſon.	14
Cependant qu'en la Croix plein d'amour infinie	36
Ceſſe tes pleurs, mon liure : il n'eſt pas ordonné.	6
Ceſte fontaine eſt froide, & ſon eau doux-coulante.	29
C'eſt une chambre où tout languit & s'effémine	113
C'eſt un matin de mars qu'elle m'eſt revenue.	138
Cette relique exhale un parfum d'élégie.	141
Comme on voit ſur la branche au mois de May la roſe.	7
Comme un vol de gerfauts hors du charnier natal	132
Coucher trois dans vn drap, ſans feu ny ſans chandelle.	40
Dans le ciel diaphane où l'oiſeau s'aſſoupit	110
Dans le pays on les appelait Les Songeants.	144
Dans les verres épais du cabaret brutal.	120
Dans un fauteüil doré, Phedre tremblante & blême.	62
Depuis le triſte poinct de ma fraiſle naiſſance.	30
Des plus beaux yeux, & du plus cleir viſage.	3
Des portes du matin l'Amante de Cephale.	48
Deux cortèges ſe ſont rencontrés à l'égliſe.	89
Deux Sonnets partagent la Ville.	51
Donc, en ce même inſtant, flottait à mon inſu.	156
Du haut du ciel profond, vers le monde agité	102
D'un doigt diſtrait frôlant la ſonore biva.	134
En vain, pauure Tircis, tu te romps le cerueau	44
Fantoches à la mode, automates mondains.	111
François, arreſte-toy, ne paſſe la campagne.	32
Frêle enfant, doux fantôme au contour délié.	153
GRAND DIEU, *tes jugemens ſont remplis d'équité.*	58
Heureux qui, comme Vlyſſe, a fait un beau voyage.	15

Homme, libre penfeur ! te crois-tu feul penfant.	75
Icare eft cheut icy le ieune audacieux.	27
Il avait fur l'échine une croix pour blafon !	109
Il eft temps, ma belle ame, il eft temps qu'on finiffe.	43
Il faut finir mes iours en l'amour d'Vranie.	49
Il ne faut s'esbahir, difoient ces bons vieillars.	9
Il n'eft point tant de barques à Venife.	1
Ils fuient, ivres de meurtre & de rébellion.	129
J'ai perdu ma force & ma vie.	77
J'ai voulu de l'Amour féparer le Défir.	155
Je fais fouvent ce rêve étrange & pénétrant.	140
Je n'ai gardé de toi, ma Mère, douce morte.	147
« Je n'entrerai pas là, » dit la folle en riant.	87
J'étais un arbre en fleur où chantait ma Jeuneffe.	69
Je te donne ces vers afin que fi mon nom.	96
Je veux lire en trois iours l'Iliade d'Homere.	12
Je vis, ie meurs : ie me brule & me noye.	20
Je vous envoye vn bouquet que ma main.	12
Job de mille tourments atteint.	50
Juge notre querelle, ô Toi qui nous entends.	151
La caravane humaine au fahara du monde.	82
La Grande Ourfe, archipel de l'Océan fans bords.	116
L'air fraîchit. Le foleil plonge au ciel radieux.	130
L'air s'embrume ; les joncs, roux comme de vieux os.	158
La jeune Eudoxe eft une bonne enfant.	63
La maifon qu'elle habite aux portes d'un faubourg.	107
La mort & la beauté font deux chofes profondes.	67
LA REINE NICOSIS, *portant des pierreries.*	101
La Satiété dort au fond de vos grands yeux.	83
La vie avance & fuit fans ralentir le pas.	66
Le four rougit ; la plaque eft prête. Prends ta lampe.	133
Le peché me furmonte, & ma peine eft fi grande.	37

Le puits profond était poli comme un miroir.	84
Les cloches qui tintaient fous l'azur clair du ciel.	146
Le filence regnoit fur la terre & fur l'onde	47
Le foleil fous la mer, myftérieufe aurore.	135
Les vieillards, quand près d'eux, femaine par femaine.	106
Lettres, le feul repos de mon ame agitée.	28
Le vent d'automne, aux bruits lointains des mers pareil.	93
Le vert colibri, le roi des collines	92
L'hirondelle eft partie & la bife eft venue.	103
L'immenfe ennui, ce fils bâtard de la douleur	125
Lors qu'Adam vit cette jeune beauté.	46
Lors que pour vous baifer ie m'approche de vous	19
Lorfque tout douloureux regret fut mort en elle.	124
Maître Laurent Cofter, cœur plein de poéfie	142
Malgré les larmes de ta mère.	122
Marie, levez-vous, ma ieune pareffeufe	5
Me fouvenant de tes graces divines.	2
Mon âme a fon fecret, ma vie a fon myftère.	79
Mon amour, tu te plains qu'avec le coloris.	108
Mon cœur eft enterré fous ce grand noifetier.	88
Mon cœur était jadis comme un palais romain.	127
Morts qui dormez, couchés dans nos blancs cimetières.	159
Ne ris point des fonnets, ô Critique moqueur!	68
N'efpère pas que tu l'apaifes	114
Ne verfe point de pleurs fur cette fepulture.	54
Nourrice d'Allegri, Parme, cité chrétienne	73
Nous aurons des lits pleins d'odeurs légères	97
Oh! qu'il fût feulement une perfonne, un être!	149
Oh! fi i'eftois en ce beau fein ravie	22
O Maître bien aimé, voici que tu repofes.	152
On a vanté vos murs bâtis fur l'onde.	65
Oui, c'eft au vieux Gallus qu'appartient l'héritage	131

Parmi les doux transports d'une amitié fidele	61
Pars, puisque tu le veux, va-t'en, laisse le deuil. . . .	139
Pétrarque, au doux sonnet je fus longtemps rebelle . . .	74
« Pour toujours ! » me dis-tu, le front sur mon épaule.	128
Pour veiner de son front la pâleur délicate	80
Quand ie voy quelque fois Madame emmy la rue. . . .	26
Quand la fleur du soleil, la rose de Lahor	94
Quand le Sauveur souffroit pour tout le genre humain. .	56
Quand les Géants, tordus sous la foudre qui gronde. . .	90
Quand vous serez bien vieille, au soir à la chandelle . .	8
Qu'avec vne valeur à nulle autre seconde	34
Quel est donc ce chagrin auquel je m'intéresse?	78
Quel temple pour son fils elle a rêvé neuf mois!	104
Que mon Fils ait perdu sa despoüille mortelle	35
Quenoille mon souci, ie vous promets & iure	24
Que ton visage est triste & ton front amaigri	71
Que vient-elle me dire, aux plus tendres instants. . . .	70
Que vos soins, grande REINE, *enfantent de miracles!* .	53
Qui vid iamais au monde vn miracle pareil?	45
Séve, qui peins l'objet dont mon cœur suit la loy. . . .	60
Si, comme je l'espère & comme tu le dis.	150
Si j'avais un arpent de sol, mont, val ou plaine.	87
S'il est vrai que ce siécle ait tué tous les Dieux.	145
S'il n'était rien de bleu que le ciel & la mer	118
Si nostre vie est moins qu'vne iournée.	13
Sire, Thulene est mort : i'ay veu sa sepulture	31
Sire, vostre Citron, qui couchoit autrefois.	33
Sois sage, ô ma Douleur, & tiens-toi plus tranquille. .	95
Songe heureux & diuin, trompeur de ma tristesse. . . .	18
Sous ce marbre repose un monarque sans vice.	55
Souvent, — & j'en frémis, — quand sur ta lèvre infâme.	115
Sur la colline.	99

Sur l'étang bleu que vient rider le vent des foirs. . . . 105
Tant que mes yeus pourront larmes efpandre. 21
Ton orgueil peut durer au plus deux ou trois ans. . . . 38
Tous, l'amant qui dans un baifer verfe fon âme. . . . 143
Tout ce qui doit finir eft court, — a dit un fage. . . . 148
Toutes, portant l'amphore, une main fur la hanche. . . 117
Toy qui de Rome emerueillé contemples. 17
Un amas confus de maifons 59
Un crucifix de fer tend fes bras fur le feuil. 157
Une habitude longue & douce lui faifait. 112
Une minute avant l'ondée. 160
Verfailles, tu n'es plus qu'un fpectre de cité. 81
Viens! ne marche pas feul dans un jaloux fentier. . . . 119
Voicy le Carneual, menons chafcun la fienne. 16
Voicy les feuls coftaux, voicy les feuls valons. 42
Vous dont les regards purs, éclatants de lumière 123

TABLE

TABLE

Avertissement I
Histoire du Sonnet VII

Le Livre des Sonnets I
Notes et Variantes 161
Appendice. Les Règles du Sonnet 209
Index des Auteurs 217
— des Sonnets 223

Paris. — Imp. A. Lemerre, 25, rue des Grands-Augustins.

www.ingramcontent.com/pod-product-compliance
Lightning Source LLC
Chambersburg PA
CBHW070543160426
43199CB00014B/2356